Für Freund Manfred N.

Weihnachten 1997

Kurt

Bernd Völkle

Text Peter F. Althaus

Band 10
Editions Galerie Carzaniga & Ueker Basel

Abbildung auf Schutzumschlag
Malereilandschaft, 1996
Oel auf Nessel auf Sperrholz
250,5 x 170,5 cm

Text
Peter F. Althaus, Basel
Essay über Bernd Völkle
Werner von Mutzenbecher, Basel
Übersetzung ins Englische
Peter Hill, Dartington GB
Gestaltung und Satz
Charles Huguenin, Basel
Farb- und Schwarzweissfotos
Fotostudio Frei, D-Weil, und andere
Fotografen (siehe Fotonachweis)
Farblithos
Finart & Print SA, Novazzano
Druck
Basler Zeitung, Basel
Einband
Buchbinderei Grollimund AG, Reinach

© 1997 Galerie Carzaniga & Ueker AG, Basel
Printed in Switzerland
1. Auflage 1500 Exemplare
ISBN 3.85696-017-1

Diese Publikation wurde dank der finanziellen Unterstützung folgender Institutionen und Privatpersonen ermöglicht:

Basellandschaftliche Kantonalbank

Basler Zeitung, Basel

S. Bläuer und I. Lotz, Sissach

CREDIT SUISSE PRIVATE BANKING, Basel

galerie pro arte, Freiburg i. Br.

Galerie Valentien, Stuttgart

Institut Straumann AG, Waldenburg

Susi und Fritz Kunz, Therwil

Sparkasse Markgräflerland, Sitz Weil am Rhein und Müllheim

STG-Coopers & Lybrand

W. und HR. Sutter, Muttenz

sowie Gönner, die nicht genannt werden wollen

INHALT

Vorwort des Herausgebers   6

Publishers' Foreword   7

Peter F. Althaus   8
Bernd Völkle

Peter F. Althaus   24
Bernd Völkle (englischer Text)

Werner von Mutzenbecher   34
Bei Bernd Völkle in Tannenkirch

Bildteil   37

Biographie   154

Ausstellungen   155

Bibliographie   157

Vorwort des Herausgebers

Nach den Monographien über die abstrakten Schweizer Maler Lenz Klotz (Band 4) und Marcel Schaffner (Band 9) ist der 10. Band unserer Reihe der Monographien einem weiteren wichtigen Exponenten dieser Kunstrichtung gewidmet, dem im südbadischen Tannenkirch lebenden und tätigen Maler und Bildhauer Bernd Völkle.

Als Schüler von Martin Christ und Walter Bodmer an der Allgemeinen Gewerbeschule in Basel ist schon früh eine enge Beziehung zur Basler Kunstszene entstanden, die durch Arnold Rüdlingers Ausstellungen der amerikanischen Expressionisten in der Kunsthalle Basel und Freundschaften mit verschiedenen Basler Künstlern noch gefestigt wurde.

Aufgrund des umfangreichen Werks von Bernd Völkle haben wir uns entschieden, in der vorliegenden Publikation nur die Malerei zu berücksichtigen und das dreidimensionale Schaffen zu einem späteren Zeitpunkt zu publizieren.

Die Herausgabe dieser Monographie fällt zeitlich zusammen mit einer grossen Retrospektivausstellung in beiden Häusern der Galerie (22. Mai bis 21. Juni 1997).

Wir möchten an dieser Stelle Bernd Völkle, der seit Jahren mit unserer Galerie freundschaftlich verbunden ist, für die angenehme Zusammenarbeit und grosszügige Unterstützung bei der Produktion der Monographie danken.

Es freut uns, dass wir als Autor Peter F. Althaus, den bekannten Kunstpublizisten und ehemaligen Leiter der Kunsthalle Basel, gewinnen konnten. Als ausgewiesener Kenner der hiesigen Kunstszene ist er mit dem Schaffen des Künstlers seit Jahren vertraut. Ihm gilt unser herzlichster Dank.

Danken möchten wir auch den zahlreichen, auf einer separaten Liste aufgeführten Sponsoren sowie den nicht genannt werden wollenden Sponsoren, die durch ihre grosszügige finanzielle Unterstützung die Realisierung dieser Publikation ermöglichten.

Basel, im April 1997
Galerie Carzaniga & Ueker
Arnaldo Carzaniga und Stephan Ueker

Publishers' Foreword

Following the monographs on the Swiss abstract painters Lenz Klotz (Volume 4) and Marcel Schaffner (Volume 9), the tenth volume in our series is devoted to an important exponent of that direction in art, the painter and sculptor Bernd Völkle, who lives in the village of Tannenkirch in South Baden.

As a student of Martin Christ and Walter Bodmer at the Allgemeine Gewerbeschule in Basel, he had close links with the artistic scene in Basel early on in his career; these were further strengthened through Arnold Rüdlinger's exhibitions of American Expressionists in Basel's Kunsthalle, as well as friendship with various artists in the city.

In view of the sheer scope of Bernd Völkle's oeuvre, we decided to concentrate on the painting and publish a book on the three-dimensional work at a later date.

The publication of this monograph coincides with a major retrospective in both the gallery's buildings (22 May to 21 June 1997).

We would like to take this opportunity to thank Bernd Völkle, a friend of the gallery for many years, for making our work together so agreeable and for the generous support he has given during the production of this monograph.

We are delighted to have secured the services of the author Peter F. Althaus, the distinguished art critic and former director of the Kunsthalle Basel. As an acknowledged authority on the local art scene, he has been familiar with the artist's work for many years. We are deeply indebted to him.

We would also like to thank the many sponsors whose names are listed separately, as well as those who wished to remain anonymous. Without their generous financial support this publication would not have been possible.

Basel, April 1997
Galerie Carzaniga & Ueker
Arnaldo Carzaniga and Stephan Ueker

Peter F. Althaus

Bernd Völkle

Vorbemerkung

Bevor ich die künstlerische Entwicklung des Malers Bernd Völkle in einzelnen Phasen nachzeichne, versuche ich mit Reflexionen zu seiner Stellung im Leben und in der Kulturlandschaft, zu seinem Selbstverständnis und zu einigen dafür relevanten Begriffen eine Verständigungsbasis aufzubauen. Im Vertrauen auf die Schaulust und -fähigkeit der Leser verzichte ich auf die Besprechung einzelner Werke.

Seit 1961 verfolge ich das Schaffen des Malers und Plastikers Bernd Völkle. Immer wieder überraschte mich die Energie und die Lebendigkeit, mit der dieser Künstler, gestützt, ja eingebettet in seine Sensibilität und sein Selbstvertrauen in gestalterischen und handwerklichen Belangen einerseits, in seine kritische Offenheit gegenüber kulturellen Äusserungen – neben den bildenden Künsten spielen auch Philosophie, Literatur und Musik eine wichtige Rolle – und den entsprechenden selbsterworbenen Kenntnissen andererseits, voller Neugier und Experimentierlust die vielfältigsten visuellen und ideellen Anregungen aufgreift, umformt und schliesslich zu ganz eigenen Ausdrucksmitteln erweitert.

Sein Gesamtwerk ist geprägt von solchen Zugriffen und Neuanfängen, die sich oftmals erst aus distanzierterer Rückschau als vielfältige und vielschichtige Elemente eines in sich durchaus geordneten Ganzen erweisen. Das Zentrum dieser Ganzheit kann selbstverständlich nichts anderes sein als eine Persönlichkeit; das Besondere bei Bernd Völkle ist, dass er diese in allen Facetten, mit allen so offensichtlichen Begabungen aber auch mit den Widersprüchlichkeiten und Ambivalenzen wie sie jedem vitalen kreativen Menschen eignen, offenlegt und damit sein Publikum immer wieder herausfordert und zu einem intensiven Dialog provoziert, indem er sich ihm aussetzt.

Meine Betrachtungen beruhen auf der Anschauung seiner Werke und auf mehreren fruchtbaren Gesprächen in den letzten Monaten.

Bernd Völkle
1958

Künstlerische Grundhaltung

Dass das Wesen der Kunst eigentlich in einer spezifischen Grundhaltung dem Leben gegenüber aufzuspüren sei, ist eine Idee, die der Künstler wohl selber unterschreiben würde.

Ich erlebe Bernd Völkle als einen äusserst wachen Menschen, der sich mit offenen Sinnen in unserer Welt bewegt und fortwährend Bilder registriert, die für ihn selber eine über das Gewohnte, Alltägliche hinausgehende Bedeutung haben, aufnehmen oder entwickeln können. Bilder, die er als Fragmente seiner eigenen Weltanschauung beizufügen, zu integrieren, sich mit ihnen vertraut zu machen sich gedrängt fühlt – oder ganz einfach Lust dazu hat. Vertraut macht er sich damit, indem er diese Bilder gedanklich reflektiert; wichtiger aber erscheint mir, dass er über längere Zeit mit ihnen genussvoll sinnlich umgeht, mit ihnen zu spielen beginnt, sie in den verschiedensten Kontexten ausprobiert, dass er sein Ding wendet und wendet, von wechselnden Seiten und unter wechselnden Blickwinkeln auslotet und die jeweilgen Ansichten immer wieder und mit immer neuen Mitteln zu realisieren versucht.

Bildhunger wäre ein brauchbarer Begriff, wenn man bei Völkle darunter nicht ein eifriges verbissenes Suchen versteht, eher ein permanentes Bildersammeln und Mit-Bildern-Spielen, denn das Aufnehmen und auch das «Im-Bild-Realisieren» geschieht mit grosser Selbstverständlichkeit, wie Atmen oder Essen. Damit will ich andeuten, dass dem Künstler Bilder in Hülle und Fülle zur Verfügung stehen, da er nicht von irgendeiner ideologisch vorgegebenen Kategorie von besonderen Phänomenen abhängig ist, sondern aus dem Überangebot an verschiedensten, von Gegenständen des Alltags, aber auch von den Medien angebotenen, in die Öffentlichkeit getragenen Bildern nimmt, was ihn betrifft. Einfacher und klarer ausgedrückt: In der Erscheinung von Dingen, Räumen, Landschaften, von Reproduktionen und Werken anderer Künstler, aber auch in seinen eigenen älteren, neueren oder gerade begonnenen Arbeiten stösst er auf Form- oder Farbklänge, die seiner momentanen Gestimmtheit entsprechen, die ihm als Impuls für eine Darstellung seines inneren oder äusseren Zustands dienen können. Nach seinen eigenen Worten: In denen sich seine aktuelle Stimmung, aber auch die ihn ge-

Bernd Völkle und Werner von Mutzenbecher im damaligen Atelier von WvM, Winter 1959

Bernd Völkle im Atelier
in Müllheim, 1959

genwärtig umtreibenden Gedanken unterbringen lassen.

Das erscheint mir als eine künstlerische Grundhaltung, die sich seit der Überwindung des Impressionismus zu Ende des vergangenen Jahrhunderts herausgebildet hat, und seit dem zweiten Jahrzehnt unseres Säkulums nicht abgelöst, aber erweitert, ausgebaut und parallel und selbstverständlich interpendent begleitet wurde von gegensätzlichen Haltungen. Es ist die Haltung eines Künstlers, der sich mit der Realität – vielleicht mit seiner bewusst als subjektiv akzeptierten Realitätswahrnehmung – auseinandersetzt und diese laufend reflektiert, variiert und damit auch kritisch kommentiert.

Der Sinn dieser Aussage wird deutlicher, wenn wir kurz zu umschreiben versuchen, was diese oben angesprochenen, parallel sich entwickelnden Haltungen sein können und damit im Sinne meines Gedankenganges finden, welche Grundhaltungen dem Wesen Bernd Völkles eben nicht entsprechen: Ich denke dabei an den automatistischen von nicht oder «nur» poetisch kontrollierbaren Impulsen ausgehenden Surrealismus einerseits, an den konsequenten, geometrisch/mathematischen Konstruktivismus andererseits. Das heisst nicht, dass er nicht formale Anregungen auch aus diesen Bereichen ausprobieren und sogar verarbeiten würde; seine Grundhaltung bleibt jedoch meines Erachtens die eines vom Abbilden der Gegenstände emanzipierten Realisten, das heisst: der Ausgangsort seiner Arbeitsprozesse lässt sich auf sinnlich Wahrgenommenes zurückführen, seien es nun natürliche Phänomene oder Gegenstände oder Etwas durch mediale, vermittelnde Bearbeitung zum Gegenstand Gewordenes.

Was ich hier zu beschreiben versucht habe, klingt sehr vertraut, wenn man sich Überlegungen in die Erinnerung ruft, wie sie etwa ein Cézanne in bezug auf sein Vorgehen geäussert hat: Die Natur durch ein Temperament wahrnehmen und dann zu einem Neuen realisieren, d.h. das Motiv genau beobachten und erfahren, dann nach der eigenen Sehweise und Emotionalität in ein Bild verdichten und dieses nach eigenen Harmonie-Kriterien und in der eigenen künstlerischen Haltung realisieren, zur autonomen Bild-Realität werden zu lassen.

Portrait Bernd Völkle, 1959
von Werner von Mutzenbecher
Oel auf Nessel, 91 x 57,5 cm

Der Arbeitsprozess

Vielleicht können wir uns den Versuch, dem künstlerischen Aspekt der Persönlichkeit Bernd Völkles näher zu kommen, erleichtern, wenn wir uns diesen Prozess der Bild-Realisierung im Einzelnen vergegenwärtigen, uns also von einer ganz anderen Seite annähern.

Ich denke, eine Voraussetzung künstlerischer Tätigkeit ist einerseits die oben beschriebene Anregung durch einen ästhetisch oder gedanklich als subjektiv bedeutungsvoll wahrgenommenen Gegenstand – im weitesten Sinn verstanden als dem Wahrnehmenden gegenüberstehendes Objekt – andererseits aber der Drang, die Lust, die Begabung, die Übung, diesem Gegenstand durch gestaltende Bearbeitung näher zu kommen, in ihn einzudringen. Massgebend ist dabei die persönliche Erfahrung einer Befriedigung, die sich durch diesen gestaltenden Umgang mit dem Farb-, Form-, Bedeutungsimpuls, sei es als meditativ erworbene subjektive Ein-Sicht, sei es als soziale Anerkennung erwerben lässt. Dieser Prozess, der für Völkle wie für viele andere, aber nicht alle Künstler seine Gültigkeit haben mag, bedingt vor allem Offenheit, Durchlässigkeit. Offenheit natürlich nicht oder nicht nur in einem moralischen Sinn verstanden, sondern als besondere Sensibilität, als Bereitschaft, aufzunehmen, sich mit allen Sinnen, aber vornehmlich visuell erregen zu lassen, diese Erregung zu formulieren und zu äussern, also nach Aussen zu tragen. Der Künstler wäre dann sozusagen etwas wie ein mächtiges Reagenz in einem Umwandlungsvorgang.

Man könnte sich das auch so vorstellen, dass, gleichsam als Teil einer allgemeinen Lebensenergie, ein Gestaltungstrieb vorhanden ist, der nur eines Auslösers bedarf, um sich im Bewussten und Unterbewussten festzusetzen und den Formulierungsprozess in Gang zu bringen. Völkle spricht selber davon, wie sich während einer Schaffenspause dieser noch ungerichtete Trieb in ihm staue und einen wachsenden Druck ausübe. Man kann wohl nachvollziehen, dass sich das Selbstbild des Künstlers auf seiner Selbsterfahrung als kreativ Tätiger aufbaut, dass sich in diesem permanent Mit-Bildern-Beschäftigt-Sein die eigene Persönlichkeit erst als ein Ganzes realisiert. Man darf bei Völkle daraus nicht auf eine Einseitigkeit schliessen, im Gegenteil, seine Interessen sind sehr weit ausgreifend und vielseitig. Die Malerei, die Kunst ist offenbar einer

Atelier in der ehemaligen
Synagoge in Müllheim
um 1967

der Bereiche, in dem sich dieser Bedarf an Dauerengagement im gleichermassen nach innen wie nach aussen gerichtetem Tun ausleben und abbauen lässt. Für Völkle ist es der beste und bewährteste Weg.

Über die Art des «Auslösers» haben wir oben schon reflektiert. Aber mir scheint, dass ein visueller Eindruck nur den einen Aspekt kennzeichnet. Wesentlicher ist vielleicht sogar die Notwendigkeit, dass dieser optische Anreger mit einer für ihn aktuellen gedanklichen Thematik zusammenfällt. Ich will versuchen, diesen Prozess am Beispiel der «Aubergines» zu erläutern: 1968 kommt Völkle mit einem Stipendium ans Deutsche Institut nach Rom. Die Situation ist optimal, der Ort (Villa Massimo) und die Zeit (Jahresstipendium) sind gesichert; Rom bietet Anregung in Hülle und Fülle. Die künstlerische Avantgarde hat sich sehr verändert, seit Beginn des Jahrzehnts verunsichern die Produkte der Popart die jungen Künstler, die – wie Völkle – entscheidende Impulse vom subjektiv spontanen amerikanischen «action painting» empfangen haben, durch superrealitätsbezogene «banale» Gegenstandsdarstellungen. Völkle wäre ein anderer, wenn er nicht, neugierig und seines handwerklichen Könnens bewusst, auch diesen Stilwandel verfolgen und auf Verwendbarkeit für seine persönlichen Themen überprüfen würde. Die ihm fremde faszinierende Lebendigkeit in der italienischen Grosstadt heischt ebenfalls nach einem spezifischen Ausdruck. In dieser Gestimmtheit sticht ihm – wohl auf einem der Römermärkte, die er immer wieder aufsucht – das Bild der Melanzane ins Auge, dieser hier vertrauten, für den Markgräfler damals noch recht exotischen Gemüsefrucht, ihre vielfältige weiche, weibliche und gleichzeitig phallische Formung, der Glanz ihrer fast metallisch wirkenden Schale, das geheimnisvolle Violettblau ihrer Erscheinung, vielleicht sogar der spezielle Geschmack, der sich so leicht und anschmiegsam mit anderen verbindet.

Damit ist das an sich banale Bild der Aubergines aufgeladen, bedeutungsvoll geworden und nistet sich sozusagen in der Anschauung ein, in Wahrnehmung und Reflexion. Es wird nun wieder und wieder unter den verschiedensten Gesichtspunkten realisiert, in ein eigengesetzliches Kunstding umgesetzt, farbig variiert, auf seine Ausdrucks- und Wirkungsmöglichkeiten hin mit Stift und Pinsel abgetastet. Als Spannungsimpuls scheint das Verhältnis zwischen weicher lebendiger Gesamtform und metallener Aussenhaut im Vordergrund zu stehen. Auch zur Nachbildung im Dreidimensionalen lässt sich der Künstler anregen, zum Spiel mit der Schwerkraft, mit dem Volumen im realen Raum und mit Gegenstehenden in ihm; der in Blei gegossene Tisch mit Spankorb und 8 Auberginen (1971) scheint eines der letzten Werke dieser Themenreihe zu sein.

Dreieck, 1984/85
Oel auf Leinwand
150,5 x 235 cm

Ich erinnere mich an 1972 anlässlich der Austellungsvorbereitung für die «Metamorphose des Dinges» in Tannenkirch ein Haus voller plastischer und gemalter Aubergines vorgefunden zu haben; heute sind höchstens noch einzelne Werke – so der Bleitisch – erhalten; dabei entwickelte Farbvarianten allerdings haben den Künstler noch länger beschäftigt. Der Dialog mit dem bedeutungsvollen Bildgegenstand der Aubergines hat somit ein Ende gefunden. Darin wird deutlich, dass zu dem Arbeitsprozess logischerweise auch die permanente Zwiesprache mit den schon entstandenen, vor allem aber mit dem im Entstehen begriffenen Bildgegenstand gehört. Schon der einzelne Pinselstrich auf der Leinwand lässt eine neue Realität entstehen, auf die die folgenden Aktivitäten reagieren. (So habe ich den oben angesprochenen «emanzipierten Realisten» verstanden!). Damit sind wir natürlich auch näher bei den nicht direkt gegenstandsabbildenden Gestaltungen, bei denen durch die Wahl eines Farbklanges und durch die ersten Aufträge – als Notationen einer inneren Gestimmtheit – eine inspirierende Realität als Gegenüber erst geschaffen werden muss, auf die der Maler in der Folge, gerichtet einzig durch seinen Willen zur Harmonie, zu seiner Empfindung einer «inneren Notwendigkeit» reagieren kann. Damit wollte ich aber auch andeuten, dass für Völkle der Prozess des Malens als befriedigende und identitätsschaffende Tätigkeit existentiell zu sein scheint, mehr als das Realisieren eines in der Phantasie, also der Vor-Stellung, definierten Bildes. Bestätigt in dieser zugegebenermassen subjektiven Einschätzung fühle ich mich durch die Aussage des Künstlers, dass es sein Wunsch wäre, wenn die Bilder «beiläufig» entstehen würden, was aber immer wieder dem Willen zu einer Ordnung, einer Harmonisierung im Weg stünde. Beiläufigkeit hier als spekulationsfreies Strömenlassen der Gestaltungslust, kann man eben nicht willentlich erzwingen! Anstrengung wohl, aber nicht Angestrengtheit ist gewünscht. Das bedingt ein intensives Bei-Sich-Selber-Sein, ja geradezu ein Besessensein von einem inneren (Gestimmtheit) oder äusseren (bedeutungs-belegten) Bildgegenstand. Die Assoziation an japanische Zenmalerei sei hier im Sinne der Prozesscharakterisierung erlaubt. Nach einem langen Umgang mit dem Thema und nach einem von vielen Umwegen gekennzeichneten Prozess bleibt schliesslich eine verdichtete Essenz. Dem Von-der-Staffelei-Herunternehmen, dem Wegstellen und vor allem natürlich dem Übermalen eines Bildes haftet immer auch ein Element der Vernichtung zugunsten einer neuen Offenheit an. (Im Gespräch über diese Thematik erinnert der Künstler bezeichnenderweise einerseits an das «Schwarze Quadrat» von Malewitsch, andererseits an Morandi, der seine faszinierende und durchaus vielschichtige Kunst fast ausschliesslich am gleichbleibenden Motiv seiner Stilleben entwickelt hat.)

Reflexionen

Wir haben bisher Bernd Völkle als einen Menschen kennengelernt, der sich in seiner Tätigkeit als gestaltender Künstler realisiert. Wesentlich erscheint mir nun, auch die Seiten seiner Persönlichkeit anzusprechen, die nicht mit dem Arbeitsprozess des Malers direkt, sondern mit seinem ideellen Selbstverständnis zu tun haben und die – natürlich nicht unabhängig von seinem Schaffen – gerade bei ihm eine ausserordentliche Rolle spielen. Die permanente Selbstbeobachtung, das Reflektieren seines Tuns und seiner Stellung in der Gesellschaft gehört zu seinem Wesen und steht selbstverständlich in einem interdependenten Verhältnis zu seinem Schaffen. «Kunst passiert im Kopf» formuliert er selber und meint wohl damit, dass diese Art der Reflexion zur Ganzheitlichkeit einer Existenz unabdinglich gehört. Die Frage «Was ist man? Was ist man als Künstler»? begleitet ihn durch alle Phasen. Ich höre darin auch ein Bewusstsein der Verantwortung und der Privilegierung dieser spezifischen Lebensform, die nach einer gewissen Rechtfertigung verlangt: «Was legitimiert mich zu einem Künstlerdasein?» Diese Frage ist natürlich nie endgültig zu lösen, aber immer wieder zu reflektieren, denn sie zwingt dazu, immer aufs Neue seiner inneren Notwendigkeit nachzuspüren und sie sich bewusst zu machen. Völkle beantwortet sie in seiner unpathetischen «beiläufigen» Art: «Ich habe einfach nie aufgehört zu malen, was sollte ich sonst?» Natürlich schützt sich der Künstler mit dieser Aussage davor, seine Selbstzweifel und Sinnkrisen, die wohl zu jedem bedeutenden kreativen Schaffen gehören, durch flüchtige Erklärungen festzulegen. Man kann aber daraus auch spüren, wie sehr er eben in seiner Malerei lebt, wie sehr sich in ihr die Wandlungen und Äusserungen seines Lebens abspielen und wie sehr auch die dunkeln Seiten im Wesen dieser so zugänglichen Persönlichkeit und in seinem so spontan und unverkrampft wirkenden Schaffen ihren Raum beanspruchen. Es geht ihm darum, das Gleichgewicht sowohl im gesamten Schaffen wie auch im einzelnen Werk zu finden, die Spannung zwischen den grosszügigen und kraftvollen Farblichtern, den aggressiven Balken und den dämpfenden Verschleierungen zu erhalten, ohne die Intensität beider oftmals auch gegensätzlicher Stimmungen zu beeinträchtigen, ohne die Pole zu neutralisieren. Ausgleichen ohne Anzugleichen – mit diesem Diktum könnte man die Überlegungen zur Grundhaltung des Maler-Menschen Völkle ergänzen. Die äusseren und inneren Inspirationen und die daraus entstehenden Schaffensimpulse sorgen für Energie und

Collagen
ca. 1960

Spannung – das Ziel der Verarbeitung ist die ästhetische und damit vielleicht auch mentale Neuordnung dieser oft widersprüchlichen Erfahrungen.

Ordnung ist ein wichtiger Begriff für den Künstler, auch wenn er ihn natürlich nicht endgültig definieren kann und will. Ordnen bedeutet eigentlich: Kommunikation herstellen; einzelne Teile, etwa Farben, Linien, Flächen zusammenbringen; Kontakte und Balancen anlegen; Gewichte und Werte einander zuzuordnen. Nach strukturellen Kriterien entsteht dann daraus ein neues Ganzes, ein autonomes System. Die Nachvollziehbarkeit dieser Struktur entscheidet wohl darüber, ob wir als Betrachter dieses Neue als geordnet – ich denke auch als «schön» – empfinden. Völkles Ordnung ist die einer dynamischen Spannung, in der auch die skeptischen, zögernden, ambivalenten Hintergründe schliesslich entschieden zusammengefasst erscheinen. Ordnung kann ihm niemand vermitteln oder gar vorschreiben; er muss sie in sich selber finden, muss seine eigene Ordnung finden. Dabei ist ihm durchaus bewusst, dass es viele Fremdeinflüsse, Gesehenes, Gehörtes, Gedachtes, Geträumtes, Gelesenes u.a. sind, die sich den eigenen Anlagen integrieren müssen zu einem autonomen und authentischen subjektiven Ordnungsempfinden. Das ist eine Selbstverständlichkeit, nicht nur für unseren Künstler, das Besondere mag darin liegen, dass ihm diese Komplexität und Interdependenz sehr wohl bewusst ist, dass er sie nicht überspielt, sondern in der Hoffnung auf Klärung in einem «reinigenden Prozess» (seine eigene Formulierung) permanent überprüft und bearbeitet. Die gedankliche Vorarbeit ist unabdingbar, um sich im eigentlichen Schaffensprozess frei und spontan, nur von der synthetischen Empfindung geleitet, verhalten zu können. Es zeichnet sich in seinem gesamten Schaffen ab, in dem sich dieser Vorgang des Beeindrucktwerdens, des Aufnehmens, des Experimentierens, des Auswählens und des Integrierens nicht versteckt, sondern an einzelnen Werken nachvollziehen lässt. Das hat ihm, in unserer Zeit der, wie ich meine übertriebenen und unredlichen Verherrlichung der marktfreundlichen «Erfindung», auch Kritik eingetragen; meines Erachtens trägt gerade dieses – durchaus nicht unbekümmerte – konzeptuelle und stilistische Neubeginnen Wesentliches zum Reichtum, zur Faszination des Gesamtwerkes bei. «Es gibt Nichts, keinen Gegenstand, kein Motiv, kein Bild, kein Wort, was nicht durch das Vorangegangene schon mit Bedeutung und Assoziationen besetzt ist», sagt Völkle dazu. Wer diese Besetzung nicht leugnet, muss sich mit ihr auch auseinandersetzen, Völkle ist in keiner Weise ein naiver Künstler.

Grosse Blüte, 1964
Oel auf Leinwand
200 x 150 cm
Museum Bochum

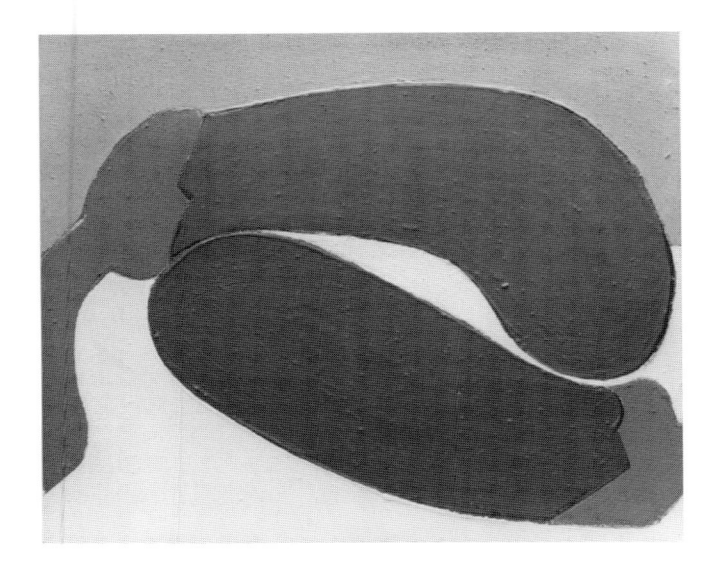

Aubergine, 1968 Rom
Oel auf Leinwand
25 x 30 cm

In Völkles grosszügigem Anwesen gibt es für unsere Überlegungen einen sehr anschaulichen Beleg: In einem ehemaligen Gesindehäuschen ist ein ganz privates «Kunstmuseum» untergebracht, in dem nur wenige ausgewählte Besucher zugelassen sind. Ich erwartete natürlich, hier auf Spitzenwerke aus allen Schaffensperioden zu stossen – das Gegenteil ist der Fall. In den engen Kammern finden sich in mehr oder weniger zufälliger Häufung meist handgreifliche Dokumente und Produkte seiner in alle denkbaren Richtungen ausgreifenden Ideenwelt, experimentelle Formulierungen in den verschiedensten Stadien der Realisation von spontan gestalteten Kommentaren oder Notizen bis zum ausgeformten Gegenstand, von bearbeiteten Objets trouvés bis zur Konzeptkunst, aber auch Spuren der ganz direkten Auseinandersetzung mit für ihn wichtigen älteren und zeitgenössischen Kollegen, Schwitters etwa, Rauschenberg, Beuys oder Yves Klein. Darunter bezeichnenderweise auch poetische Bildungen seiner Töchter Julia und Johanna. Zu jedem Gegenstand gibt es eine eigene Geschichte, einen privaten, ja intimen Kontext. Oft handelt es sich um einmalige Gestaltfindungen, die der selbstkritische Künstler nicht in sein öffentliches Werk einbauen will, die als wichtige Auseinandersetzungen zwischen Idee und Form darin aber zweifellos ihrerseits Spuren hinterlassen haben.

Im Prozess des Bilderschaffens geht es um das Aktuelle und das Geplante – Völkle ist sich aber auch bewusst, dass damit das Schicksal des schon abgeschlossenen Werkes nicht abgeschlossen ist. Auch die Rezeption durch den Betrachter ist ein Teil des Wesens künstlerischer Produktionen. Da sie ebenso von der gesellschaftlichen Bedeutungsbesetzung abhängig ist wie das Arbeiten, ist das Verstehen eines Werkes, das als der letzten Instanz der Empfindung einer bestimmten Persönlichkeit verpflichtet ist, letzlich von einem heiklen Spiel zwischen kreativem Einfall, weitgehend subjektiver innerer Notwendigkeit und aktueller gesellschaftlicher Konvention bestimmt.

Überlegungen dieser Art dürfen nicht zu einer künstlerischen Produktionsstrategie führen, darüber ist sich Völkle klar, und er umschreibt seine Haltung mit einer schönen Formulierung: «Ein Bild muss so stark, so in sich verdichtet sein, dass es Vieles aushalten kann, sogar das Missverständnis!» Damit vermag er auch die Verführung zu einem spekulativen, nur auf die Betrachter gerichteten Kunstprogramm abzuwehren.

Vielleicht nicht so bedeutungsvoll, aber für seine weitfassenden Reflexionen – ich verwende diesen Begriff gerne, weil er die gedankliche Spiegelung schon vor-

Bleitisch mit 5 Auberginen, 1969
Bleiblech, Holz, Bleiguss
53 x 91 x 80 cm

handener Wahrnehmungen und Beobachtungen assoziiert – bezeichnend ist seine Beschäftigung mit der mir bisher in Malerkreisen nie begegneten Frage: «Was geschieht eigentlich mit all den Arbeiten, die ein Künstler im Laufe seines Lebens sammelt und schliesslich hinterlässt?», die ihn zu einer kritischen Distanz gegenüber seinen eigenen Arbeiten bringt, die vom Bewusstsein seiner eigenen zeit- und entwicklungsbedingten Wertung zeugt.

Es gibt aus verschiedenen Epochen plastische Kunstwerke, die aus einem Stapel übereinandergenagelter, geklebter und übermalter eigener Gemälde bestehen, handgreifliches, aggressives Zeichen für den beschriebenen Prozess, der sowohl Verdichtung wie Vernichtung als Vorbedingungen einer neuen Essenz, Existenz veranschaulicht.

**DER LEBENS- UND SCHAFFENSLAUF
Müllheim – Basel – Rom**

Vielleicht habe ich mich bei dem für mich ungewohnten Vorgehen der Vorabklärung einiger Begrifflichkeiten von Völkles Beispiel beeinflussen lassen, habe sie also vorweggenommen, um mich in der Folge für die lockere und ganz auf das Anschauliche konzentrierte Schilderung von Leben und Werk frei zu machen?

Bernd (Artur) Völkle wird am 20. September 1940 geboren, zu Beginn des Zweiten Weltkrieges und wächst als zweites Kind mit einer älteren Schwester und einem sechs Jahre jüngeren Bruder im badischen Müllheim bei Mutter und Grossmutter auf. Der Vater, gelernter Ziseleur und Graveur, später als Kaufmann tätig, befindet sich als Soldat der Wehrmacht an der Ost- und Westfront, gerät in französische Kriegsgefangenschaft und kehrt erst nach Jahren nach Müllheim zurück, zu spät, um mit dem Sohn eine tragfähige Beziehung aufbauen zu können.

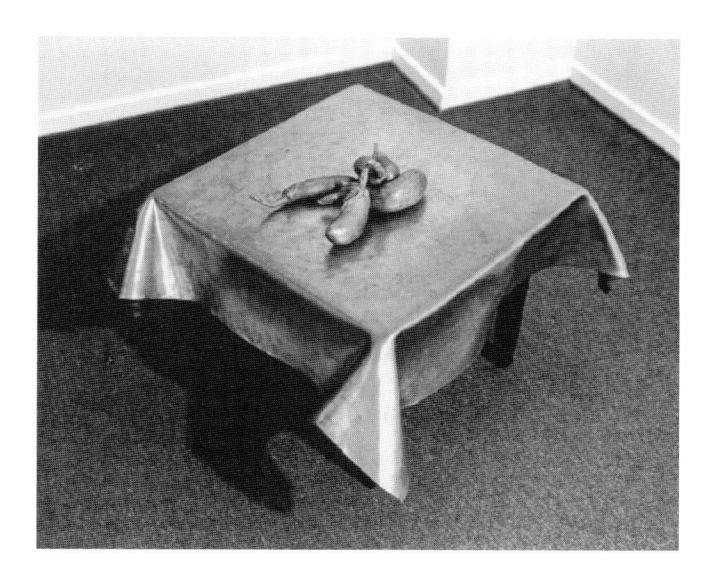

Die zeichnerischen, gestalterischen, handwerklichen Begabungen des jungen Bernd sind offensichtlich, aus ihnen kann sich sein Selbstbewusstsein und seine soziale Akzeptanz entwickeln, und sie tragen auf mehr als einer Ebene, also nicht nur auf der künstlerischen, zu der Gewissheit bei, Gesehenes und Gewolltes fast nach Belieben adäquat umsetzen zu können. Man darf vielleicht annehmen, dass manche Wechsel der Ausdrucksformen und -mittel, manches Experimentieren und mancher kühne Neuanfang damit zu tun haben, dass der Hochbegabte von Zeit zu Zeit den materiellen Widerstand, der seine gestalterischen Kräfte mobilisiert, willentlich schaffen muss. Ganz früh ist sich

Schwarzwald, 1984
Gouache, 100 x 140 cm
Augustiner Museum Freiburg i. Br.

Völkle darüber klar, dass er Maler werden wolle; Kunst-Maler, und sich dabei nicht etwa, wie viele seiner späteren Mitschüler, den Weg zum Kunsthandwerker oder Zeichenlehrer offenhalten. Das Bild dieses Wunsches beruht aber keineswegs auf einer klaren Kenntnis seiner Konsequenzen, eher auf der Gewissheit, dass für ihn kein bürgerlicher Beruf in Frage käme; Kunst als Lebensform, die Offenheit verheisst, ist schon hier der Anreiz. Bei einem Müllheimer Maler (Emil Bizer) in Badenweiler und bei seinem älteren Freund Karl-Heinz Scherer, der in Freiburg bei Adolf Strübe Kunst studierte, bezog er seine Informationen darüber.

Von 1957 an besucht Bernd Völkle die Malklasse der Allgemeinen Gewerbeschule im nahen Basel; in Müllheim wurde dem jungen Kunstschüler in einer ehemaligen Synagoge ein grossräumiges Atelier zur Verfügung gestellt; damit war der Weg ins Künstlerleben geebnet. In der Malklasse waren es weniger die Lehrer, der milde Nachimpressionist Martin Christ und der als präziser Zeichner lehrende bedeutende Plastiker Walter Bodmer, die einen prägenden Einfluss ausübten. Wichtiger waren die meist etwas älteren Mitschüler wie Werner von Mutzenbecher, Niklaus Hasenböhler, Hans Remond und vor allem der seine Studien eben beendende, neun Jahre ältere Marcel Schaffner, Freund und Weggefährte Völkles bis in die Gegenwart.

Mit Georg Schmidt als Direktor des Kunstmuseums und Arnold Rüdlinger als Leiter der Kunsthalle, aber auch mit der Aktivität etablierter und alternativer Künstlergruppierungen war Basel zu Beginn der sechziger Jahre zu Recht in den Ruf der aufgeschlossensten unter den schweizerischen Kulturstätten gelangt. Die anregende Atmosphäre und wohl auch die latente Unzufriedenheit mit der eher konservativen Haltung der Malklasse, bereiteten die fast explosive, auf Jahre prägende Wirkung auf Völkles Generation vor, die 1958 von Rüdlingers Ausstellung «Die neue amerikanische Malerei» ausging. Sie zeigte die Maler des «abstract expressionisme», Barnett Newman, Franz Kline, Mark Rothko, Willem de Kooning, Clyfford Still, Sam Francis u.a., vor allem aber Jackson Pollock. Für Völkle und viele seiner Malerfreunde war diese Konfrontation mit den meist grossformatigen, nach allen Seiten hin und auch gegen den Raum offenen, spontan hingeworfenen kraftvoll lockeren und doch – vor allem emotional – konzentrierten Malereien so etwas wie eine Offenbarung, die ihre im Umfeld der Malklasse von sorgfältiger Valeurabstimmung gebremste Mallust auf einen Schlag befreite, was sich in der Qualität ihrer frühen Werke, aber auch in ihrem Erfolg bei einem fortschrittlichen Publikum manifestierte. Geradezu leidenschaftlich unterstützte sie Rüdlinger selber, der sich seinerseits mit

Tag und Nacht, 1985
Gouache
100 x 140 cm

dieser von ihm nach Europa gebrachten Kunsthaltung, dem ersten eigenständig amerikanischen Beitrag der Kunstgeschichte, voll identifizierte. Die meisten von ihnen gingen in ihrer späteren Entwicklung zu anderen künstlerischen Mitteln über, bei Schaffner und Völkle (nach manchen Ausflügen) blieb die Erfahrung dieser «action painting», der aus der emotionalen Bewegtheit und der körperlichen Bewegung des Augenblicks geborenen Ausdrucksmalerei, mitbestimmend. Wir werden noch mehrmals darauf zurückkommen.

1960 schliesst Völkle seine Studien in der Malklasse ab; er hatte sich in dieser Phase intensiv mit den aus Abfallprodukten und einfachen Farbfelder recht streng komponierten späteren Klebebildern von Kurt Schwitters beschäftigt; in seinen eigenen Collagen zeichnet sich sein Thema, das Ordnen spontaner Ausdruckselemente, eigentlich schon – wie er selber sagt: als «Kammermusik» – deutlich ab. In den folgenden Jahren geht es dann um die Verarbeitung der amerikanischen Impulse, von denen ihm die grosszügig angelegten flächigen dynamischen Farbräume der de Kooning, Newman, Rothko näher sind als etwa die Spurenmalerei eines Pollocks. Aber auch hier ist das – vielleicht als europäisch zu erlebende – Bedürfnis nach Verdichtung und Greifbarkeit in einer Betonung des Kompositorischen spürbar, indem die meist in kühlen, blauen oder grünen, gradlinig begrenzten Farbzonen durch darunterliegende warme, rote und gelbe Akzente aufgehellt und gehalten werden. Völkle wird sich schon hier bewusst, dass der grosszügigen und lustvollen Aktionsmalerei die Gefahr innewohnt, zu einer entleerten Geste zu verkommen. Die permanente Abwehr dieser Verführung durch die eigene im Überfluss vorhandene Begabung, alles was er will, auch realisieren zu können, gehört zu diesem reflektierenden Künstler, der sich selber immer wieder an der Realität kontrollierbare Aufgaben stellt. Dazu gehört auch der schon bald wieder wichtiger werdende Umgang mit natürlichen Motiven. In der Mitte der Sechzigerjahre lassen sich in seinen Werken meist locker symmetrische Ausgangsformen, Falter, Fahnen, Kreuzblüten, aber auch weiträumige landschaftliche Eindrücke aufspüren oder wenigstens erahnen, in denen sich die Thematik der Offenheit, Flüchtigkeit und Leichtigkeit, oft in diagonaler Ausrichtung, darstellen. In manchen Werken erfordert auch ein ovales oder rundes Bildformat eine besonders dichte, nicht durch Ecken gebundene Komposition. Zur Abwehr der Gestenfreudigkeit gehört andererseits der Umgang mit dreidimensionalen Bildbauelementen, vorzüglich aus Holz, der um 1966 einsetzt und in der Folge immer wieder neu aufgenommen wird.

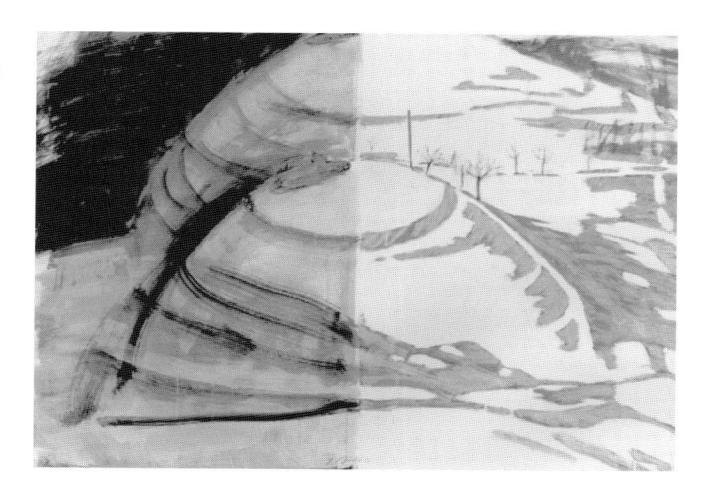

Völkle ist nun ein anerkannter Jungkünstler, durch zahlreiche Ausstellungen – anfangs

Keil, 1984
Holz, Eisen, Farbe
64 x 75 x 143 cm

Tannenkirch

Die Rheinebene, der nahe Schwarzwald, das grosse Haus, in dem noch viele Gegenstände und Spuren der Vorbesitzer aufzustöbern waren, der Hof mit dem kleinen Seerosenteich, der Garten, in dem sich die Jahreszeiten spiegelten – für den hellwachen Maler ist es selbstverständlich, sich von dem allen provozieren zu lassen, sich durch Nachformen und Umformen die Dinge und Erscheinungen anzueignen. Vielleicht steht der Blick durch die beschlagenen Scheiben im Winter am Anfang einer Reihe von Bildern, in denen die Transparenz, die Sicht durch eine ebenso verhüllende wie vereinheitlichend zusammenfassende Schicht hindurch, Überlagerungen und Durchdringungen, dann aber auch der Umgang mit der geheimnisvollen Farbe Weiss, zum Thema werden. Völkle arbeitet nun gelegentlich nach Polaroidfotos und reflektiert die verschiedenen Ebenen der fokussierten und der synthetischen Wahrnehmung. In mannigfaltigen Winterbildern spielen verwirrende Flockenwirbel und willentlich vorgespannte geometrische Raster eine Rolle, Sterne und Wellen, bedeutungsvolle Konstellation und Bewegung. Irgendwann gelangt er, Anlass war vermutlich das Erlebnis einer Autofahrt, zum Motiv des Wischers, der in einem bestimmten Bereich die Sicht klärt und schliesslich zum Flügelpaar mutiert. In diesen Bildern der Siebzigerjahre lässt sich die Wechselbeziehung zwischen sinnlicher und philosophischer Anschauung in fast atemberaubender Folge nachvollziehen. Dann ist es plötzlich ein ganz simpler Laib Käse, der ihn sozusagen

im Rahmen der Basler Künstler! – bekannt und durch Stipendien gefördert. Namhafte Fachleute äussern sich zu seinem Schaffen; 1977/78 erhält er einen Gastlehrerauftrag an der Staatlichen Akademie in Karlsruhe. Vorher, 1968, verbringt er am Deutschen Institut in Rom eine Zeit des künstlerischen Umbruchs. Wir haben die «Aubergines-Episode», vielleicht Ausdruck einer natürlichen Identitätskrise, oben schon ausführlich besprochen.

Der entscheidende Neubeginn findet nach seiner Rückkehr statt. In Müllheim war inzwischen die Synagoge abgerissen worden, es wird ihm zwar ein neues grosses Atelier zur Verfügung gestellt, er bedarf jedoch offenbar eines neuen Standorts. Bezeichnenderweise zieht er nicht in eine Stadt, sondern findet im kleinen Markgräfler Dorf Tannenkirch, mitten in den sanften Hügeln am Rande der Oberrheinischen Tiefebene einen grosszügigen ehemaligen Weinbauernhof, den er mit Hilfe eines Freundes erwerben kann.

Sommeratelier Tannenkirch
1985

in die banale Realität zurückholt und den er beliebig in Elemente zerschneiden und mit der ganzen bisher angeeigneten Palette seiner zwei- und dreidimensionalen Mitteilungsmöglichkeiten umkreisen und ausprobieren kann. Die Kombination der beiden Medien in Relief-Bildern scheint auch die Beschäftigung mit dem Schaffen von Robert Rauschenberg anzuzeigen. Deutlich wird hier wie auch vor allem in den folgenden Jahren, wie der informierte, an allen kulturellen Bewegungen interessierte Künstler mit der jeweils aktuellen Avantgarde umgeht, also mit Pop-, Op-, Landart, mit der konzeptionellen Kunst, mit Happening, Environnement u.a.m.: Er überprüft sie auf ihre Verwendbarkeit für seine primär malerischen Anliegen, er nimmt sich unbefangen, was er als anschauliches Thema verwenden kann und setzt es um in seine vitale und spontane Malerei, wohl wissend, dass er damit unvermeidlich auch einen semantischen Kontext mitträgt.

1976 heiratet Bernd Völkle die Diplompädagogin Renate Richter; 1979 und 1981 werden seine beiden Töchter Julia und Johanna geboren. Das zeugt vom Entscheid für einen endgültigen Verbleib an diesem Ort, in dieser Lebenssituation. Ich weiss nicht, ob ich mich im Folgenden allzusehr vom Selbsterlebten zu Schlüssen verführen lasse, aber für mich wurde der im eigenen Garten angelegte Boulespielplatz zu einem aussagereichen Bild für den auch im höheren Sinne spielfreudigen Künstler-Menschen: Spiellust und Präzision müssen in Einklang gebracht werden und die Betonung seiner Erfahrung, dass die nach einer Konzentrationsphase fast «beiläufig» geworfene Kugel eher trifft als die mit Anstrengung sorgsam geschobene, erscheint uns wie eine Lebensdevise.

Wenn man will, kann man seit der Niederlassung und Ausgestaltung seines Ortes in Tannenkirch eine gewisse Beruhigung feststellen; die Gemälde lösen sich im Laufe der Bearbeitung Schritt für Schritt vom initialen Motiv, die Beschäftigung mit dem Grundphänomen der Wahr-Nehmung drängt sich auf. In den achtziger Jahren entstehen die sich meist um eine dominierende Gestaltungsidee und oft auch um eine einmal erarbeitete Grundkomposition und einen bewusst beschränkten Farbklang ordnenden Bildserien wie jene der Seerosen, bei denen das Thema des Schwimmens, Verschwimmens und Reflektierens zur Meditation verführt, jene der Feldmalereien mit den streng geschichteten aber farblich subtil variierten Grünflächen, jene der fliessenden Gemälde vom Stausee, der Nachtbilder mit ihren dramatischen Gegenlichtwirkungen oder dem Versinken im wörtlich genommenen Schwarz-Wald. Natürliche Wahrnehmungsvarianten, Fern- und Nahsichten, aber auch der Erscheinungswechsel in den Jahreszeiten bieten Anlass zu meist recht grossformatigen Gemälden. «Schnee von gestern» nennt er ein Landschaftsbild um 1985 und man könnte darin – wieder einmal – eine gewisse Abwehr gegen eine drohende Routine des perfektionierten Handwerks hören. In der gleichen Phase verlegt sich Völkle nämlich wieder einmal intensiver auf die immer parallellaufenden Interessen am dreidimensionalen Schaffen und kreiert meist grosse, grob zugehauene, gelegentlich mit Eisenbeschlägen akzentuierte, bewehrte und zugleich geschützte, sich manchmal im besten Sinne primitiv präsentierende, manchmal auf geometrische Grundformen (z.B. Dreieck) oder einfache räumliche Phänomene (z.B. Knick) bezogene Holz- und Metallobjekte. In ihrer faszinierenden materiellen Präsenz führen sie auf die in den Gemälden gelegentlich vom grossausgreifenden Schwung etwas überspielte Sinnlichkeit und Handwerklichkeit als einer immer wichtigen Qualität aller Völklescher Arbeiten zurück.

1989/90/91 ist es eines der in diesem Gesamtwerk seltenen figürlichen Themen, das sich ins Zentrum der künstlerischen Auseinandersetzung Bernd Völkles drängt: Mit dem ganzen reichen Vorrat seiner Ausdrucksmittel beschäftigt er sich mit dem menschlichen Kopf, in Malerei, Relief und Plastik. Es geht ihm natürlich nicht um eine Porträthaftigkeit; es scheinen ihn vielmehr die Möglichkeiten zu interessieren, durch seine spontanen Farbgesten mit dem breiten Pinsel emotionale Akzente in die runde oder ovale Grundform einzuschreiben, sie so zu kennzeichnen. Oder vielleicht richtiger, sich selber von den durch die ständig wechselnden Farben, Rhythmen des Auftrags und auch Materialien sich einstellenden Expressionen dieses bedeutungsvollen Zeichens überraschen zu lassen.

Die späten Gesichtsvarianten im Werk Jawlenskys kommen einem in den Sinn, dessen ist sich Völkle natürlich bewusst, aber gerade der Vergleich macht den völlig anderen Ansatz unseres Künstlers deutlich: Suchte Jawlensky nach einer vergeistigten, ins Meditative führenden, verdichteten und sukzessive gesteigerten Abstraktion, glaube ich bei Völkle eher den Versuch aufzuspüren, der bleibenden Grundform spontane subjektive Emotionalität zu integrieren oder besser: einzuordnen und daraus eine neue harmonisierte Einheit herzustellen. In der bisher letzten Schaffensphase finde ich eine gewisse Rückkehr zu den Anfängen. Was auch der Anlass dazu sein mag, ich glaube ein gewisses Bedürfnis nach Standortbestimmung, nach dem Überprüfen des ganz eigenen Beitrags zur internationalen Entwicklung, kurz die Frage nach dem subjektiv Eigentlichen und Wesentlichen

Innenhof Tannenkirch

aufspüren zu können; vielleicht dürfte man sogar von einer fruchtbaren «midlife crisis» sprechen. Ein äusserer Anlass zur grundsätzlichen Besinnung und zur mentalen Rückkehr zu den Anfängen in Müllheim mag aber auch in einem interessanten Arbeitsangebot zu liegen: 1994 kann Völkle der restaurierten ehemaligen Synagoge in Sulzburg durch eine eindrückliche Environnementarbeit, eine räumliche Auseinandersetzung mit dem Thema des Dreiecks, einen beziehungsvollen Akzent geben.

Völkle erfindet den Begriff der «Malereilandschaft»; ich verstehe das so, dass die Malerei von einer Landschaft, fast ausschliesslich ist es das vertraute Markgräfler Land, oft die nächste Nähe um Haus, Hof und Garten, ausgehen kann, sei es von einem anschaulichen landschaftlichen Eindruck oder aber von einem als innere Landschaft erfahrenen emotionalen Bezugsfeld. Gleichzeitig ist damit auch angedeutet, dass das Bild auf der Staffelei zu einer Landschaft wird, in die sich der Malende hineinschaut, hineinmalt. Das tönt nach einer körperlichen Aktion und ist auch so gemeint. Wenn man den Ablauf des Malvorgangs nachzuvollziehen versucht, steht der Entschluss zu einer zentralen Farbe wohl am Anfang, in die sich der Künstler dann fast buchstäblich hineinbegibt, die dazu gehörende Geste findet und die Farbmaterie, leichtes schwebendes Aquarell, offen grosszügig hingemalte Gouache oder gehaltene, elaborierte Oel- oder die glattflächige Dispersionsfarbe buchstäblich auskostet. Völkle hat eine grosse Sicherheit im Aufbau einer kompositionellen Spannung, zwischen ruhigen Flächen und dynamischen, manchmal geradezu pathetisch wirkenden Farbbewegungen, mit denen er situative, meist mehrdeutige Qualitäten wie Gewicht und Leichtigkeit, Nässe und Trockenheit, Wärme und Kälte, Härte und Sanftheit, Zärtlichkeit und Aggression, Materie und Vorstellung, ausdrückt. Das Gelb in den Gemälden der letzten Jahre symbolisiert, nein ist der Sonnenstrahl, der den blauen Gedankenraum aufreisst und zu sinnlichem Leben erweckt. In einem Bildtitel zitiert er Franz von Assisi: «Ein Sonnenstrahl reicht hin, um viel Dunkel zu erhellen». Immer wieder sucht er sich Widerstand, sei es durch einen schon strukturierten «geschundenen», also besonders harten oder schon gebrauchten Bildträger, sei es – eine überraschende neue Variante – durch die Wahl eines besonders kleinen Bildformats, auf dem er sich die Aufgabe einer «kleinen Grosszügigkeit» stellt! Die Farben sind immer kraftvoll, möglichst ungemischt und eindeutig in ihrer Ausdruckshaftigkeit, auf eine expressive Wirkung bedacht; sanfte Übergänge oder gar Valeurmalerei sind nicht Völkles Anliegen, sondern die – manchmal auch die eigene Empfindlichkeit schützende – Strahlungskraft, die vitale Spannung und die dynamische Ordnung.

3 Auberginen (Messing)
im Garten in Tannenkirch

Peter F. Althaus

Bernd Völkle

Preamble

Before describing the different phases in the artistic development of the painter and sculptor Bernd Völkle, I would like to offer a basis for understanding his work with some thoughts on his background and place in the cultural landscape, as well as some of the concepts underlying his self-perception. I will refrain from discussing individual works, since I am sure readers will have the curiosity and critical faculties to discover these for themselves.

I have been following Bernd Völkle's work since 1961, constantly amazed by the energy and vitality with which he seizes on the most varied visual impulses and ideas, transforming and expanding them into an expressive language that is entirely his own. This drive is sustained by his sensibility and self-confidence in his own creativity and craftsmanship, by critical openness towards other forms of cultural expression – philosophy, literature and music being important to him, as well as the fine arts – and by the rich mind of an autodidact.

His entire oeuvre is marked by such impulses and new beginnings, often only apparent in retrospect as diverse, many-layered elements of an integral, well structured whole. Needless to say, the hub of this creative totality can be nothing other than the artist's own personality; what is special about Bernd Völkle is that he lays this bare in all its facets, with all his manifest gifts but also with the contradictions and ambivalences that are to be expected in any dynamic, creative human being, thereby constantly challenging his public, and provoking an intense dialogue as he reveals himself to them.

These comments are based on my viewing of his works, as well as several fruitful conversations we have had in recent months.

Artistic mindset

The notion that the essence of art is to be found in a particular outlook on life is one the artist himself would certainly endorse.

My experience of Bernd Völkle is that he is an extremely alert person who moves through the world with his senses open to everything, constantly registering images which possess, acquire or develop a meaning beyond humdrum normality. He feels impelled – or quite simply wants – to assimilate, integrate and familiarize himself with these images as fragments of his own *Weltanschauung*. He familiarizes himself with the images by turning them over in his mind, but to me it seems more important that for a while he enjoys them in a sensual way, playing with them, trying them out in the most varied contexts, looking at whatever he has got hold of again and again, assessing it from different sides and angles, and attempting multiple realizations of the visual aspects he discovers, each time using new means.

Visual hunger would be a useful concept in Völkle's case as long as it is not understood as an avid, dogged search, but more a ceaseless gathering of images with which he then plays. Assimilating these and 'turning them into pictures' happens quite naturally, like breathing or eating. By this I mean that the artist has a plethora of images available to him as he is unencumbered by any ideologically prescribed categories of particular phenomena. Instead he takes what is relevant from the overwhelming variety of images offered by everyday objects or flooding from every media outlet into the plains of the public domain. To put it more simply and clearly: in the appearance of things, spaces, landscapes, reproductions and the works of other artists, as well as in the oldest to the newest examples of his own work, he comes upon harmonies of form or colour which match his mood of the moment, and can serve as the inspiration for depicting his inner or outer state. As he says himself, he is able to capture not only his current mood, but also the thoughts preoccupying him at the time.

I see this as an artistic mindset, a fundamental approach which has evolved since the overcoming of Impressionism at the end of the last century; since the second decade of our own century it has not been superseded, but expanded, extended and accompanied in a parallel and of course interdependent way by opposing attitudes. It is the mindset of an artist who is coming to terms with reality – perhaps with his own perception of reality which he consciously accepts as subjective – and constantly reflecting on and varying it, which inevitably embodies a critical commentary. This will become clearer if I describe briefly the parallel developments mentioned above; by following my train of thought this will show which fundamental attitudes are not intrinsic to Bernd Völkle's art: I am thinking on the one hand of Automatism and Surrealism, which drew on uncontrollable impulses or those controllable 'only' by poetic means, and on the other of logical, geometric/mathematical Constructivism. Not that he would eschew experimentation with formal ideas derived from those tendencies, and even incorporate them into his work. However, his basic attitude remains that of a realist emancipated from reproducing objects. In other words, the point of departure for his working processes can be traced back to what has been perceived by the senses, whether in the case of natural phenomena, objects or something that has become an object through being processed by the media or some other intermediary. There are echoes of what I have tried to describe in what Cézanne – to name but one – said in regard to his own approach: nature perceived through the filter of temperament and turned into something new, i.e. exactly observing and experiencing the motif, letting it condense into a picture according to his own way of seeing and his own feelings, then turning it into an autonomous pictorial reality according to his own criteria of harmony and his artistic approach.

The working process

Perhaps we can make it easier for ourselves to get a closer appreciation of the artist in Bernd Völkle if we visualize this process of picture creation in detail, approaching it from a completely different angle. I think that one prerequisite of artistic activity is the type of inspiration described above, derived from an object perceived aesthetically or intellectually as having subjective meaning – an object understood in the widest sense as something encountered by the person perceiving it. Another is the urge, the desire, the talent and the work involved in getting closer to the object, in penetrating its core, through the formal creative process. A decisive factor is the personal satisfaction that can be derived from the creative response to colour, form or meaning, whether it be a subjective insight gained through meditation or social recognition. This process – which may be relevant to Völkle as to many other artists, though not all – requires above all open-mindedness, accessibility: open-mindedness of course not understood in a moral sense, or not only in that way, but as a special sensibility, as a readiness to take in, to be stimulated through all the senses, but primarily visually, to formulate this stimulation and express it, i.e. externalize it. The artist could be seen as acting like a powerful reagent in a transformation process.

Another way of envisaging what happens would be to imagine the presence of a creative urge, a vital energy, which just has to be triggered in the conscious and subconscious to set the process of formulation in motion. Völkle himself talks of how this still undirected drive builds up in him during a pause in his creative activity and exerts an increasing pressure. It is easy to understand that the artist's self-image is built on his own experience of himself as a creative activator, that his own personality is only realized as a whole in this permanent state of 'being engaged with images'. This is not to suggest that Völkle is one-dimensional: on the contrary his interests are very wide-ranging and varied. Painting, or art, is obviously one of the fields in which this need for permanent involvement in an activity that is directed equally inwards and outwards can be lived out and appeased. For Völkle it is the best, most trusted way.

We have already considered the nature of the 'trigger', but it seems to me that a visual impression characterizes just one aspect. It is perhaps even more essential for this optical trigger to coincide with a relevant train of thought. I will try to elucidate this process using *Aubergines* as an example. In 1968 Völkle arrived in Rome with a scholarship to attend the German Institute. The situation was ideal: he had a place to stay (Villa Massimo) and a year-long bursary with which to enjoy all that Rome had to offer. There had been an immense change in the avant-garde: from the start of the sixties, Pop Art had been unsettling young artists who – like Völkle – had been crucially influenced by subjectively spontaneous American 'Action Painting', and 'banal' objects depicted in an ultra-realist way. Völkle would not have been Völkle if he had not wanted to pursue this change of style too; his inquisitive nature and sense of his own craftsmanship led him to see if it could be used to explore his own personal themes. He was fascinated by the strange and tumultuous life of the Eternal City which called for a specific expressive response. In that frame of mind his eye was caught, no doubt in one of the Roman street markets which he frequented, by *melanzane* (aubergines): a vegetable fruit familiar in Rome, but at that time still really exotic to the young man from Markgräfler Land near Basel, with its varied, soft, feminine yet phallic shapes, the glow of its almost metallic-looking skin, the mysterious purple-blue colour, and perhaps even its special taste which combines so readily and adaptably with other flavours.

Hence, the image of the aubergine, banal in itself, became imbued with meaning, installing itself so to speak in the artist's view, perception and thought. It was now depicted over and over again from the most varied points of view, transformed into an autonomous art object, varied through the use of colour, and explored for its expressive and effective potential with pencil and brush. The relationship between its soft, lively overall form and the metallic outside skin seems to have been predominant as the source of tension. The artist was also inspired to three-dimensional depictions, playing with gravity, with the volume in actual space and with the surrounding objects: *Tisch mit Spankorb und 8 Auberginen* (Table with Basket and Eight Aubergines) cast in lead would appear to be one of the final works in the series on this theme.

I remember how in 1972, when preparing the exhibition 'Metamorphose des Dings' (Metamorphosis of the Object) in Tannenkirch, I found a house full of sculpted and painted aubergines. Today, a few isolated works at most – the lead table for one – have been preserved. However, the artist remained preoccupied for some time with colour variations developed as part of that exploration. The dialogue with the aubergine as a significant image-object thus came to an end. From this it becomes clear that a permanent dialogue with the image-object that has been created, but primarily with the image-object comprehended as it is being created, is also a logical part of the working process. Just a single brushstroke on the canvas brings a new reality into being to which the subsequent actions respond. (This is what I meant earlier when I talked about an 'emancipated realist'!)

This of course also brings us closer to creative works where objects are not directly depicted, in which through the choice of a colour harmony and the first marks he makes – as notations of an inner mood – the artist must first create an inspiring reality as a counterpole to which he can subsequently react, guided solely by his desire for harmony, his sense of an 'inner necessity'. But I also wanted to use this example to show that for Völkle the process of painting seems to be an essential part of his existence as a satisfying, identity-generating activity, more than as the realization of an image defined in his fantasy, i.e. through the imagination. I feel that this to some extent subjective assessment is confirmed by the artist's statement that he would like it if pictures could be engendered 'incidentally', though the desire for order and harmony constantly keep getting in the way. For the quality of being incidental, here understood as the unquestioning release of the desire to create, cannot be deliberately forced! Exertion is certainly wanted, but not a straining for effect. A prerequisite is an intense self-communion, being virtually possessed by an internal image-object (frame of mind) or an external one (laden with meaning). A reference to Japanese Zen painting, in the sense of process characterization, is allowed at this point. After prolonged absorption with the theme and a process typified by many detours, what remains is a condensed essence.

There is always an element of destructiveness heralding a new opening: removing a picture from the easel, putting it away and above all overpainting it. (It is significant that when discussing this topic the artist called to mind both Malevich's *Black Square* and Morandi, who developed his fascinating, multi-layered art almost exclusively on the unchanging motif of his still lifes.)

Reflections

So far we have got to know Bernd Völkle as someone who finds fulfilment in his activity as a creative artist. I feel it is important now to consider the sides of his personality that are not directly related to the working process of the painter but to his intellectual self-conception, which in his case play an exceptional role – though obviously not detached from his creativity. The constant self-scrutiny, the thought he devotes to what he does and to his role in society are intrinsic to his essential self and an integral part of his creative work. As he says himself: 'Art happens in the head,' undoubtedly meaning that this type of thinking is indispensable to the holistic nature of existence. The questions 'What are we? What are we as artists?' accompany him through every phase. They reflect an awareness of the responsibility and privilege of this special way of life which demands a certain justification: 'What entitles me to live as an artist?' Of course, this question cannot be resolved once and for all, but must be pondered again and again, for it forces the artist to continue probing his inner needs and to become aware of them. Völkle answers it in his own phlegmatic, 'offhand' way: 'I've simply never stopped painting, what else would I do?'

Of course Bernd Völkle uses this statement to avoid being pinned down with a perfunctory explanation of the self-doubt and crises of conscience which are undoubtedly part of every major creative oeuvre. But it also lets us sense how much he lives in his painting, how much the changes he goes through and the outward phenomena of his life are played out in it, and how much the darker sides claim their space in the nature of this so accessible personality and in his creative work which appears so spontaneous and relaxed. For him it is a matter of finding an equilibrium both in his total creative oeuvre and in each individual work, of preserving the tension between the generous, powerful splashes of colour, the aggressive crossbeams and the blurring that mutes these effects, without diminishing the intensity of two often contradictory moods, without neutralizing the poles. Equilibrating without equalizing is a phrase that could serve as the final word in our consideration of the basic stance of Völkle, the painter and human being.

Energy and tension are generated by the inspirations of the outer and inner worlds and the creative impulses they spark – the aim of processing them is the aesthetic and hence perhaps mental reordering of these often contradictory experiences. Order is an important concept for the artist even if he is naturally unable and unwilling to define it once and for all. Ordering actually means establishing communication, combining individual parts such as colours, lines or surfaces, making contacts and balances, and arranging weights and values in relation to one another. Then a new whole, an autonomous system, is created from them in accordance with structural criteria. Whether the resultant structure can be assimilated or not is of course a determining factor in whether we as viewers perceive this new entity as something ordered – and I would also say as 'beautiful'. Völkle's order is that of a dynamic tension in which even the sceptical, hesitant, ambivalent backgrounds seem in the end to be neatly combined. Nobody can convey or prescribe order to him; he has to find it in himself, he must find his own order. At the same time he is totally aware that there are many outside influences, things seen, heard, thought, dreamt, read etc., which must be integrated into his own dispositions to form an autonomous and authentic subjective perception of order.

This is a matter of course for other artists as well as Völkle, but what is special to him may be that he is well aware of this complexity and interdependence, and does not overplay it but constantly examines and refines it in a 'purifying process' (his own term). The preliminary thinking is indispensable if the artist is to be free and spontaneous in the actual creative process, guided only by synthesized sensation. It can be seen in his work as a whole, where this process of being impressed, assimilating, experimenting, selecting and integrating is not concealed but can be followed through in individual works. In an age of overstated and dishonest veneration of market-friendly 'invention', this has also earned him criticism; I feel that this conceptual and stylistic beginning anew, though it is far from free and easy, makes an essential contribution to the richness and fascination of his work as a whole. In this connection Völkle said: 'There is nothing, no object, no motif, no image, no word, that is not infused with meaning and associations by what has preceded it.' Anyone unwilling to deny this must also come to terms with it, and Völkle is far from being a naive artist.

On Völkle's extensive property there is highly visible proof to support our ideas. In a small, former servant's house a completely private 'art gallery' has been installed to which only a small number of selected visitors are admitted. Of course I expected to find leading works from all his creative periods there – but quite the opposite is the case. In the confined rooms in a more or less haphazard jumble there are mostly tangible documents and products of his world of ideas reaching out in every conceivable direction, experimental formulations in the most varied stages of realization from spontaneously composed comments or notes to the completed object, from processed *objets trouvés* to concept art, as well as traces of a quite direct process of dialogue with older and contemporary colleagues who are important to him, Schwitters for instance, and Rauschenberg, Beuys or Yves Klein. Significantly, among them there are also poetic creations by his daughters, Julia and Johanna. Attached to every object there is a story, a private, even intimate context. Often we are dealing with a unique definition of form which the self-critical artist does not want to make part of his public work, though as important dialogues between idea and form they have undoubtedly left their mark on it.

In the artistic process it is a question of what is actually happening and what is planned, but Völkle is also conscious that this means the fate of the already completed work is itself not completed. Part of the essence of an artistic creation is its reception by the viewer. As this is just as dependent as the working process on the meaning invested in it by society, the understanding of a work that in the end owes its inception to the sensibility of a certain personality is ultimately determined by an intricate interplay between creative invention, largely subjective inner necessity and current social convention. Thoughts of this description should not give rise to a strategy for producing art, and Völkle is quite clear in his own mind about this, pithily defining his attitude as follows: 'A picture has to be so strong, so condensed in itself, that it can withstand a great deal, even being misunderstood!' He is thus able to avert being led astray towards a speculative programme of art, directed only towards the viewers.

Something that is perhaps less important but nonetheless significant for his wide-ranging reflections – I like this term because it evokes the mirroring in the mind of already existing perceptions and observations – is his preoccupation with a question I had never before heard raised in painting circles: 'What really becomes of all the works that an artist accumulates in the course of his life and eventually leaves behind?' This puts him at a critical distance vis-à-vis his oeuvre and attests to an awareness of the assessment of his own works which will be conditioned by time and the way things develop. There are sculptural artefacts dating from several periods consisting of a heap of his own paintings, nailed and stuck together and overpainted, a violent, aggressive symbol of the process described, illustrating both compression and destruction as preconditions for a new essence and existence.

VÖLKLE'S CAREER
Müllheim – Basel – Rome

Adopting what for me is the unfamiliar approach of starting with a preamble outlining some conceptual ideas has perhaps been influenced by Völkle's example, i.e. I have tackled them first so as to clear the way for a relaxed account of his life and work, concentrating entirely on the descriptive.

Bernd (Artur) Völkle was born on 20 September 1940 at the start of World War II and grew up in Müllheim in Baden with his mother and grandmother; he was a second child, with an older sister and a brother six years his junior. His father, a trained engraver who later worked as a salesman, served on the eastern and western fronts as a soldier in the Wehrmacht; he was held as a prisoner of war by the French and did not return to Müllheim until years later, too late to be able to build up a strong relationship with his son.

Young Bernd's talents as a graphic and creative artist and craftsman were evident. His self-confidence and social acceptance were able to develop from them, and on more than one level, i.e. not just artistically, they contributed to the certainty that he could adequately convey whatever he saw or wanted almost at will. It is possible to surmise that many of the changes in the forms and means of expression he used, much experimentation and many bold new beginnings were connected with the fact that this extremely gifted youngster deliberately had to create the material resistance which mobilized his creative powers. At quite an early stage, Völkle was quite sure that he wanted to become a painter: a fine artist, unlike many of his later fellow-students who kept the option of becoming an artist craftsman or art teacher open. However, this notional ambition was in no way based on a clear perception of its implications, more on the certainty that as far as he was concerned no conventional job or profession came into question; art as a way of life, a promise of freedom, was already the spur. He gathered information about it from a Müllheim painter (Emil Bizer) in Badenweiler and from his older friend Karl-Heinz Scherer who had studied art in Freiburg under Adolf Strübe.

From 1957 Bernd Völkle studied painting at the Allgemeine Gewerbeschule in nearby Basel; in Müllheim a former synagogue was made available to him as a spacious studio, so smoothing his path into the artistic life. In the painting classes, the formative influences were less his teachers, the gentle Post-Impressionist Martin Christ and the distinguished sculptor Walter Bodmer who taught draughtsmanship, but more his fellow students, generally somewhat older than him, like Werner von Mutzenbecher, Niklaus Hasenböhler, Hans Remond and above all Marcel Schaffner – nine years his elder and just finishing his studies. Schaffner has remained a friend and colleague of Völkle's to the present day.

With Georg Schmidt as the director of the Kunstmuseum and Arnold Rüdlinger running the Kunsthalle, not to mention the activity of both established and alternative groups of artists, Basel at the beginning of the sixties had justifiably gained a reputation as the most free-minded of Switzerland's cultural centres. This stimulating atmosphere, as well as latent dissatisfaction with the conservative attitude of the painting course, prepared the ground for the almost explosive impact of Rüdlinger's 1958 exhibition of 'New American Painting' which was to reverberate in Völkle's generation for years. The show included Abstract Expressionists such as Barnett Newman, Franz Kline, Mark Rothko, Willem de Kooning, Clyfford Still, Sam Francis and others, but first and foremost Jackson Pollock. For Völkle and many of his artist friends this encounter with the generally large paintings, open on all sides and towards the room, spontaneously assembled, powerful, free and yet concentrated – especially emotionally concentrated – was something of an epiphany.

At a stroke their zest for painting was released from the shackles that the painting course had imposed, with its emphasis on meticulous harmonization of tonal values; this liberation was reflected in the quality of their early work, as well as in the success they enjoyed with a progressively-minded public. They supported Rüdlinger himself almost passionately, while he identified totally with the artistic viewpoint he had imported into Europe, the first authentically American contribution to the history of art. In their later careers, most of these artists switched to other media, but in the case of Schaffner and Völkle (after many excursions) the experience of 'action painting', of expressive painting born of the emotional fervour and physical movement of the moment, remained a contributory factor. We will come back to it more than once.

Völkle completed his painting course in 1960. In this phase he became intensely preoccupied with Kurt Schwitters' later, very strictly composed collages made from bits of rubbish and simple fields of colour. In his own collages, the ordering of spontaneous expressive elements – 'chamber music' as he calls it – is already apparent. In the following years, it was a question of assimilating the American inspiration; the generously applied, flat, dynamic planes of colour in the works of de Kooning, Newman and Rothko were closer to him than say the drip painting of someone like

Pollock. But here too the need for compression and accessibility – to be seen perhaps as a European trait – can be detected in an emphasis on the compositional aspect, while the colour zones, mainly in cool blue or grey tones and enclosed by straight lines, are brightened and sustained by warm red and yellow notes underlying them.

Völkle was already conscious of the inherent danger of bold and zestful action painting degenerating into empty gesticulation. His stubborn resistance against being led astray by his own prolific talent – a talent with which he could achieve anything he wanted – is part of the nature of this reflective artist who is constantly setting himself tasks that can be gauged against reality. His work with motifs from nature, which soon again became more important, is another aspect of the same thing. In the mid-sixties, mainly loosely symmetrical generic forms, butterflies, flags, crucifers, can be detected or at least divined, though there are also expansive hints of landscape; the themes of openness, transience and lightness are depicted in these, often with a diagonal orientation. In certain works, an oval or round format demands an especially dense composition, not bound in by corners. On the other hand, his use of three-dimensional elements in constructing his images, particularly wooden elements, starting in 1966 and subsequently recurring again and again, is a token of his resistance to mere gesticulation.

By now Völkle had gained recognition as a young artist, known through a large number of exhibitions – initially exhibiting among Basel artists – and supported by scholarships. Well-known experts commented on his work; in 1977/78 he was given a contract as a visiting lecturer at the Staatliche Akademie in Karlsruhe. Before that, in 1968, he spent a period of artistic turmoil at the German Institute in Rome; we have already discussed his 'Aubergine Period' in detail above, which may have been the expression of a natural crisis of identity.

The crucial new departure came after his return from Rome. The synagogue in Müllheim had been demolished, and though another large studio was made available to him, he obviously needed a new base. It is significant that he did not move into a town, but found a large, former wine-grower's buildings and yard in the small village of Tannenkirch in Markgräfler Land, amidst the gentle hills on the edge of the low-lying Upper Rhine plain, which he was able to buy with the help of a friend.

Tannenkirch

The Rhine plain, the nearby Black Forest, the large house in which many objects and traces of the previous owners could be unearthed, the courtyard with the small lily pond, the garden reflecting the seasons: it was natural for such an acutely observant painter to be inspired by all this, to appropriate the objects and phenomena around him by reproducing and transforming them. Perhaps the view through the frosted window-panes in winter lay behind a series of pictures in which transparency, seeing through a layer which veils yet combines and unifies, with overlays and permeations, and exploring the mysteries of the colour white, became the theme. Völkle now sometimes worked from Polaroid photographs and reflected the various levels of focused and synthesized perception. In the very diverse winter pictures, confusing flurries of snowflakes, with geometric grids deliberately suspended in front, stars and waves, meaningful constellation and movement, play a role.

Presumably prompted by the experience of a car journey, at some point he came to the motif of the windscreen wiper which clears the view in a specific field and finally mutates into a pair of wings. In these pictures from the seventies the interchange between sensual and philosophical perception can be reconstructed in an almost breathtaking sequence. Then suddenly it is a quite simple piece of cheese which brings him back to everyday reality, so to speak, able to be cut up into elements at will; he encircles and probes it using the whole range of options he has appropriated for conveying things two-dimensionally or three-dimensionally. His combination of the two media in relief pictures also seems to illustrate his preoccupation with the work of Robert Rauschenberg. This illustrates – something that would be confirmed in subsequent years – how the well informed artist, interested in all cultural movements, dealt with the avant-garde of the moment, i.e. with pop art, op art, rustic art, conceptual art, happenings, environmental art etc. He studied each movement to see if it was relevant to his primarily painterly concerns, unashamedly taking anything he could use as a descriptive theme, converting it into his dynamic, spontaneous painting, fully aware that he was inevitably also introducing with it a semantic context.

In 1976 Bernd Völkle married Renate Richter, a teacher; his two daughters, Julia and Johanna, were born in 1979 and 1981. This is evidence of a decision to remain permanently where he was. I am not sure whether I am jumping to conclusions based on my own experience of life, but for me the area in his garden which is laid out for *boules* became a powerfully expressive image of Völkle as an artist and man who enjoys games, also in the more elevated sense: Games demand a blend of playfulness and precision, and to hear Völkle relate his experience that a *boule* tossed almost 'incidentally' after a phase of concentration is more likely to reach its target than one carefully and laboriously aimed, is to hear what sounds almost like a motto for life.

Since Völkle has settled down and developed his place at Tannenkirch, a certain calming effect may be detected. As he works on his paintings, they gradually break free from the initial motif and his preoccupation with the basic phenomenon of perception comes to the fore. In the eighties, he produced several series of paintings, generally arranged around a dominant creative idea and often also around an already elaborated basic composition and deliberately restricted colour harmony: the water-lily series in which the theme of floating, merging and reflection invites a meditative response, paintings of fields with strictly layered green planes with subtle variations of colour, fluid paintings of the dam, night pictures with dramatic against-the-light effects or submerging into the literally Black Forest.

Variations on perceptions of nature, distant and close-up views, as well as seasonal changes in appearance give rise to generally very large-format paintings. *Schnee von gestern* (Yesterday's Snow) is the title Völkle gave to a landscape *circa* 1985, in which – yet again – it was possible to detect a certain resistance to the deadly routines of perfectionist craftwork. At the same period, Völkle returned to a more intensive preoccupation with his parallel interests in three-dimensional work, creating mostly large, rough-hewn wood and metal objects, occasionally accented, reinforced and at the same time protected by iron mounts, sometimes appearing primitive in the best sense of the word, sometimes related to geometric forms (e.g. the triangle) or simple spatial phenomena (e.g. a bend). In their fascinating material presence, they take us back to sensuousness and craftsmanship, still important qualities in all Völkle's works, though occasionally rather overplayed in the paintings with their far-reaching momentum.

In 1989–91 one of the rare figurative themes occurring in his work took a central role in Bernd Völkle's artistic odyssey. Using the full range of his rich expressive means, he devoted himself to the human head, in painting, relief and sculpture. Of course he was not concerned with portraiture. He seemed more interested in the potential for characterization by means of emotive markings inscribed on the basic round or oval form using spontaneous strokes of colour with a broad brush. Or it might be more correct to say that he was interested in surprising himself with the expressive potential of this highly meaningful symbol, achieved through constantly changing colours, rhythms of application and materials.

The facial variations in Jawlensky's later work come to mind, and Bernd Völkle of course is familiar with these, but the very comparison makes Völkle's completely different approach clear. While Jawlensky was pursuing spiritualized abstraction conducive to meditation, condensed and successively heightened, in Völkle's work I feel I detect more of an attempt to integrate or rather order spontaneous, subjective emotionality in the surviving basic form, so producing a new harmonized entity from it.

In Völkle's most recent work I detect a return to his beginnings. Whatever the cause, I think he has a certain need to take stock, to examine his completely individual contribution to international developments in art. In other words, he needs to be able to track down the question of what is subjectively real and essential; perhaps we should even speak of a creative 'mid-life crisis'. However, this fundamental re-examination and mental return to his beginnings in Müllheim may have been prompted by an external event in the form of an interesting commission: In 1994 Völkle produced a highly meaningful and impressive environmental work for the restored former synagogue in Sulzburg, a spatial exposition on the theme of the triangle.

Völkle invented the concept of the 'Malereilandschaft' (painting landscape); I take this to mean that painting can originate from a landscape, almost always the familiar Markgräfler Land, often the immediate vicinity of his house, yard and garden, either from a tangible impression of a landscape or a relevant emotional field experienced as an interior landscape. At the same time, it refers to the fact that the canvas on the easel becomes a landscape into which the painter looks and paints. This sounds like a physical action and that is how it is meant. If we try to reconstruct the course of the process of painting, the decision regarding a central colour certainly comes at the beginning and the artist then almost literally immerses himself in it, finding the appropriate gesture, and literally sampling the colouring material: light, floating water colour, openly, generously applied gouache, restrained, elaborated oil or flat-surfaced emulsion. Völkle has a very sure touch in building up compositional tension, between peaceful surfaces and dynamic movements of colour, sometimes downright emotional in their effect, which he uses to express situational, generally equivocal qualities such as weight and lightness, wet and dry, warm and cold, hardness and softness, tenderness and aggression, materiality and imagination. The yellow in the paintings of recent years symbolizes, or rather is, the sunbeam which outlines the blue space of thought, awakening it to sensuous life. In one title, he quotes St Francis of Assisi: *Ein Sonnenstrahl reicht hin, um viel Dunkel zu erhellen* ("One sunbeam is enough to light much dark"). He constantly looks for resistance, whether through an already structured 'rough' substrate, i.e. one that is particularly hard or has already been used, or – a surprising new variant – through the choice of a particularly small format, setting himself the task of producing a picture in which 'less is more'. The colours are still powerful, unmixed as far as possible and unambiguous in their eloquence, aiming at an expressive impact; gentle transitions or even tonal value painting are not what Völkle is about – he is concerned with radiant power (sometimes also shielding his own sensitiveness), vital tension and dynamic order.

Translation Peter Hill

Werner von Mutzenbecher

Bei Bernd Völkle in Tannenkirch

… Wer Bernd wirklich begreifen will, muss ihn sehen und erleben, wie er in seinem Anwesen sein Wesen treibt, wie er dort mit Renate, mit Julia und Johanna lebt und leibt. Bernd, frühbegabt, hochbegabt, scharfen Verstandes immer schon, lockerer Hand, leichten und schweren Herzens, ein Schmetterling, ein Gaukler sogar, tief sinnend auch, ein Melancholiker, erfolgverwöhnt und Misserfolge erduldend, freud- und leidgeprüft, gereift, gekeltert, ein Mann von 54 Jahren jetzt, immer noch jung, gesetzt, selbstsicher, scheinbar ruhig, beunruhigt dennoch, nicht rastend, produktiv, fleissig, findig, arbeitsfroh, beredt, langsam im Reden, schnell im Denken, präzis im Fühlen, Mann seiner Frau Renate, Vater der Töchter Julia und Johanna, Herr eines Hauses, verwurzelt hier, landschaftsverbunden, weltoffen, vielgereist, ein Freund und treu zu Freunden, humorbegabt, spöttisch-ironisch, aber respektvoll, liebevoll, Leistungen achtend, tolerant, Schwächen erkennend, aber kein Lästermaul, mit Sinn fürs Absurde und Sinn für Qualität, stets gut gekleidet, von gediegener, unauffälliger Eleganz, achtsam im Umgang mit Material, sinnlich und zart zugleich, heftig manchmal in seiner Kunst, fast rücksichtslos Freiheit sich nehmend, egozentrisch vielleicht, aber offen für anderes, belesen, musikliebend, kultiviert, nie protzig, dem Guten zugetan, das für ihn als gut Erkannte verehrend mit Leidenschaft und Beständigkeit: ein guter Mensch!

Ein Mensch, dem die Freiheit, die innere Unabhängigkeit über alles geht, der dennoch Wurzeln hat, zu ihnen steht, sie nicht leugnet, sie aufdeckt immer mehr, älterwerdend, ein Mensch, der sich und was er tut, ernst nimmt, der nicht mit sich hadert; was ihm die Fähigkeit der Beobachtung anderer verleiht. Und in der Arbeit manchmal wie ein heller Lichtblitz oder eine Ader im Gestein, kostbar, verborgen, Natur wesenhaft! Das Summen der Insekten, Sonne auf dem Blatt, das knollige, fruchtknotige Knospen, das Murmeln des Bachs, das Sommergewitter, das am Himmel aufzieht. Ein Schmetterling, der schönfarbig durch die hellblauen Lüfte faltert, eine Frucht, die gelb und prächtig vom Aste strotzt. Zu ihm also, dem Freunde, fahrend ins Grössere, Weitere hinüber, denke ich fahrend an den Maler, Bildhauer und Menschen Bernd. So wie ich ihn sah vor vielen Jahren, so wie zuletzt vor kurzem, so wie er mir morgen wohl scheinen mag nach diesem heutigen Tag. Unmöglich, nicht an jene blaugrauen, leeren und weiten Hügellandschaften zu denken, die Bernd einst zu unserer Bewunderung gemalt, jetzt wo ich in dieser Landschaft bin. Unmöglich auch, Bernd und die Synagoge nicht zu verbinden, die ihm einst in Müllheim als Atelier gedient, ein Ort, den man nicht ohne Schauder betrat unten, im grossen Raum; er, Bernd, hauste auf den Emporen oben.

Bei meinem Eintreten in den gepflasterten Innenhof seines grossen Anwesens in Tannenkirch steht er, schnell unter den Büschen hervorgeschlüpft, lachend vor mir, und nach kurzer und unvollständiger Vorbesichtigung von Haus, Hof und ehemaligen Scheunen, Ställen, Geräteremisen, jetzt Orte zum Herstellen und Aufbewahren von Bernds weitausufernder Kunstproduktion, machen wir uns auf den Weg nach Sulzburg, wo Bernd in der renovierten ehemaligen Synagoge eine kleine Ausstellung hauptsächlich plastischer Arbeiten hat. ...

... Unheimlich und wie verzaubert dünkt mich der Ort, die schöne Landschaft auf der Fahrt, Trauben- und Weinangebote überall, ein feines, herbstliches Himmelsgrau über allem, die Zeit ist vertauschbar. Jetzt und einst vermischt, gealtert wir dazwischen, was einmal war, ist vorbei, ist Erinnerung und kommt wieder oder ist noch immer da in verwandelter Form.

Auch der Hof in Tannenkirch ist verwunschen und mit seinen Oleanderbüschen in den riesigen Tontöpfen, den Feigenbäumen eine Welt für sich, ohne Berührung zum Dorf, nicht eben sehr deutsch. Liegt es an Bernd, dass es ihm immer wieder gelingt, ein eigenes Reich zu schaffen? Ein Reich, von seinen Werken aus alten und neuen Zeiten voll, dabei wohlgeordnet, jedes Ding an seinem Platz. Eine Werkstatt für das Arbeiten in Gips, weiss in weiss, keine Farbe, Räume mit den Holzplastiken, fertige und solche, wo gefundene Stücke lange warten, bis die Idee für eine Veränderung, eine Gestaltung in Bernd gereift, er hat Geduld, ein Zimmer mit Gouachen im eigens gebauten Möbel, ein Raum mit Arbeiten, auf denen Eisen rostet, Werkzeuge, wirklich zu gebrauchen, und solche, die künstlich sind, Köpfe aus Holz und Blech, wie von Primitiven gemacht. Viele Dinge sind zu besehen, manches noch roh und ungeformt, anderes schon ausstellungserprobt und hier halb magaziniert, halb ausgestellt. Der Estrich gehört dazu und auch der Keller, wo weissangemalte Skulpturen stehen im schlechten Kunstlicht – schau, eine Kröte, ruft Bernd, ein Zeichen, der Keller ist gesund, weil sie in ihm leben kann! Draussen im Garten liegen wie Walfische drei grosse Aubergines aus Messing im Gras, im Gartenhäuschen neben dem Bouleplatz Daphnis und Amaryllis, die Klage des Hirten von Böcklin in einer kleinen Reproduktion, schön eingerahmt und dort auf der hellblaugrünfarbigen Holzwand aufgehängt. Im Maleratelier endlich, bis zum Schluss aufgespart, das Malerfreunde-Ritual entschärfend so, auf der Rückseite einer Leinwand von Bernd in seiner grossen Schrift geschrieben Ezra Pounds Kurzgedicht L'ART, 1910: Grünes Arsen auf ein ei-weisses Tuch geschmiert, Zerquetschte Erdbeeren, Komm, lass die Augen schlemmen. Schön weiss ist das Atelier, wie Bernd es liebt, die Farben kommen zur Geltung so. Heftige Farben, starke Klänge, dazu ein Geschiebe, Gedränge grosser Formflächen, offene, dünne Linien dazwischen wie Ritzen, durch die das Licht nach vorne bricht, nach vorne glänzt. Und es wettert und grollt und blitzt im Atelier des Malers Völkle in Tannenkirch. Oft liegt die weitausholende Geste eines grossen Vs der Komposition zugrunde, oder Dreiecksformen durchdringen und überlagern sich, Farbe und Licht sind wichtig, noch wichtiger vielleicht der alte, immer junge Schwung, die Kraft und Energie, das Gewalttätige fast, aber mit Zartheit gepaart.

Auszüge aus einem Artikel in: Basler Magazin, Nr. 43, 29.10.1994

Ohne Titel, 1961, Collage, 56 x 47 cm, Staatliche Museen zu Berlin, Preussischer Kulturbesitz, Kupferstichkabinett

Ohne Titel, 1960, Collage, 64,5 x 54 cm, Staatlicher Kunstkredit Basel

Grossmutter, 1959, Oel auf Leinwand, 96 x 68 cm, Privatbesitz

Landschaft, 1959, Oel auf Leinwand, 57 x 94 cm, Privatbesitz

Rheinlandschaft, 1958, Oel auf Leinwand, 50 x 72 cm

Liegende (Melancolia), 1973, Collage, 57 x 52 cm, Friedhelm Döhl, Lübeck

Wischer, 1975, Farbe und Papier auf Holz, 103 x 133 cm, Privatbesitz Schweiz

Ohne Titel, 1961, Collage, 131,5 x 100 cm, Galerie Reckermann, Köln

Falter II, 1963, Collage, 185 x 160 cm

Saftige Gegend, 1963, Oel auf Leinwand, 145 x 152 cm, Staatsgalerie Stuttgart

Gartenfigur, 1964, Oel auf Leinwand, 170 x 125 cm

Ausblick, 1964, Oel auf Leinwand, 75 x 140 cm, Sammlung National-Versicherung, Basel

Dunkle Fahne, 1965, Oel auf Leinwand, 175 x 145 cm, Kunsthalle Recklinghausen

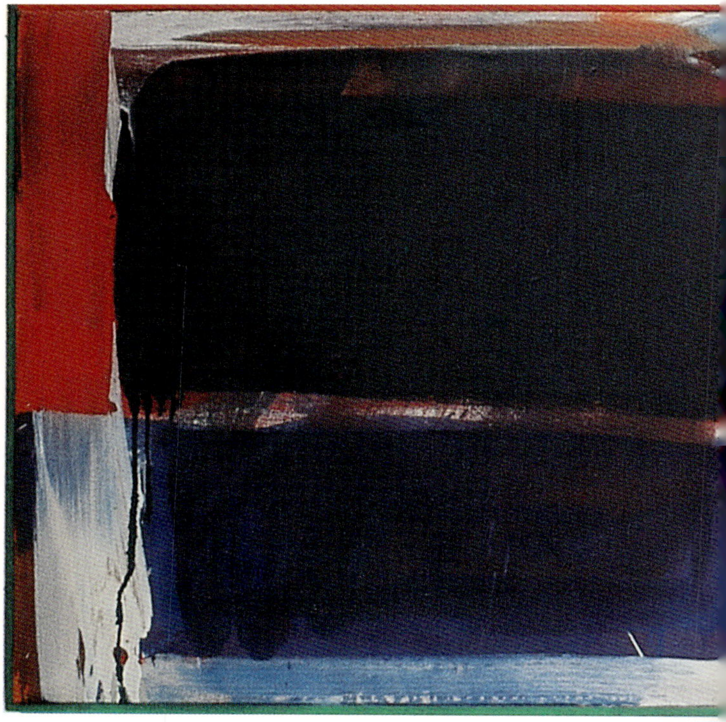

Triptychon, 1964, Oel auf Leinwand, 60 x 180 cm, Sparkasse Markgräflerland, Sitz Weil am Rhein und Müllheim

Blaue Blüte, 1966, Oel auf Leinwand, 200 x 150 cm, Museum am Ostwall, Dortmund

Dunkle Blüte I, 1965, Oel auf Leinwand, 85 x 110 cm, Privatbesitz

Flügel mit Knopf, 1975, Papier, Farbe und Leinwand, 230 x 224 cm, MS Basel

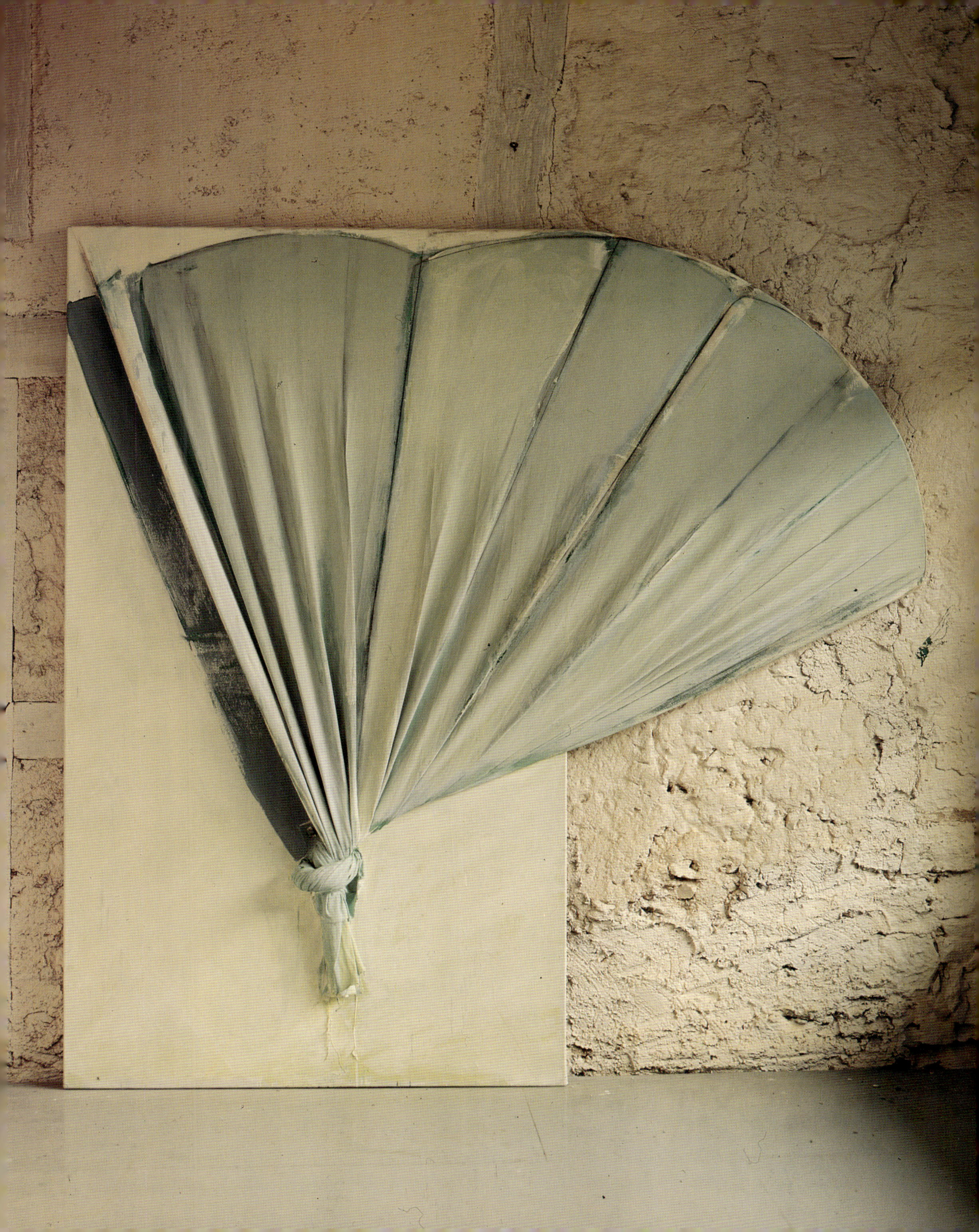

Culebras Partagas, 1977, Mischtechnik auf Planpapier, 82,5 x 115 cm

Alte Zöpfe, 1977, Oel auf Planpapier, 84,5 x 72 cm

Landschaft mit Farbstreifen, 1972, Acryl auf Papier, 78 x 105 cm

Seerosen, 1978, Oel auf Leinwand, 130 x 200 cm

Hasen, 1983/85, Verschiedene Materialien, 82 x 114 cm, Gemeinschaftsarbeit mit Julia Völkle, Privatbesitz Bottmingen

Akt im Abendrot, 1985, Oel auf Papier, 140 x 100 cm, Privatbesitz

Schnee von gestern, 1985, Oel auf Leinwand, 180 x 135 cm

Schwarzwald, 1985, Oel auf Papier, 140 x 100 cm

Trichter, 1988, Oel auf Papier, 86 x 61 cm, Gemeinschaftsarbeit mit Arthur Stoll

Ohne Titel, 1986, Aquarell und Asphalt auf Papier, 78 x 106 cm

Ohne Titel, 1988, Gouache auf Karton, 83 x 117 cm, Museum Ulm

Ohne Titel, 1988, Gouache und Oel auf Karton, 116 x 83,5 cm

Ohne Titel, 1988, Gouache auf Papier, 140 x 100 cm

Ohne Titel, 1988, Gouache auf Papier, 140 x 100 cm

Herz, 1988, Oel auf Karton, 116 x 83,5 cm

Zwei Monde, 1988, Oel und Gouache auf Papier, 140 x 100 cm

Ohne Titel, 1988, Oel auf Leinwand, 180 x 135 cm, Sammlung Wella AG, Darmstadt

Ohne Titel, 1988, Gouache, Kreide und Oel auf Papier, 86 x 61 cm

Ohne Titel, 1988, Oel und Kreide auf Papier, 86 x 61 cm

Ohne Titel, 1988/89, Gouache auf Papier, 140 x 100 cm, Rolf Frei, D-Fischingen

Ohne Titel, 1988, Asphalt und Oel auf Papier, 106,5 x 78 cm

Malereilandschaft, 1989, Gouache und Kreide auf Karton, 100 x 140 cm, Im Besitz der Crédit Suisse, Basel

Malereilandschaft, 1988, Oel auf Karton, 83 x 117 cm, Sammlung Basler Zeitung, Basel

Ohne Titel, 1988, Gouache auf Papier, 140 x 100 cm

Ohne Titel, 1988, Gouache und Oel auf Papier, 106,5 x 78 cm

Blüte, 1989, Gouache und Oel auf Papier, 100 x 140 cm

Zitronenfalter, 1989, Oel auf Papier, 140 x 100 cm

Malereilandschaft, 1989, Gouache auf Papier, 100 x 140 cm

Ohne Titel, 1989, Kohle und Gouache auf Papier, 100 x 140 cm

Für Paul Gauguin, 1988, Oel auf Papier, 106 x 78 cm, Ursula und Stefan Baader, Basel

Dunkle Blüte, 1989, Gouache und Oel auf Papier, 140 x 100 cm

Malereilandschaft, 1989, Gouache und Oel auf Papier, 100 x 140 cm, STG-Coopers & Lybrand

Malereilandschaft, 1991, Gouache auf Papier, 100 x 140 cm, Kunstsammlung Roche

Malereilandschaft, 1989, Gouache auf Papier, 140 x 100 cm

Vogel, 1989, Aquarell und Gouache auf Papier, 100 x 140 cm, Annette und Michael Stahl, D-Eimeldingen

Kopf, 1985, Verschiedene Materialien auf Holz, 100 x 79 cm

Kopf, 1989, Gouache und Oel auf Papier, 140 x 100 cm, Privatbesitz Sissach

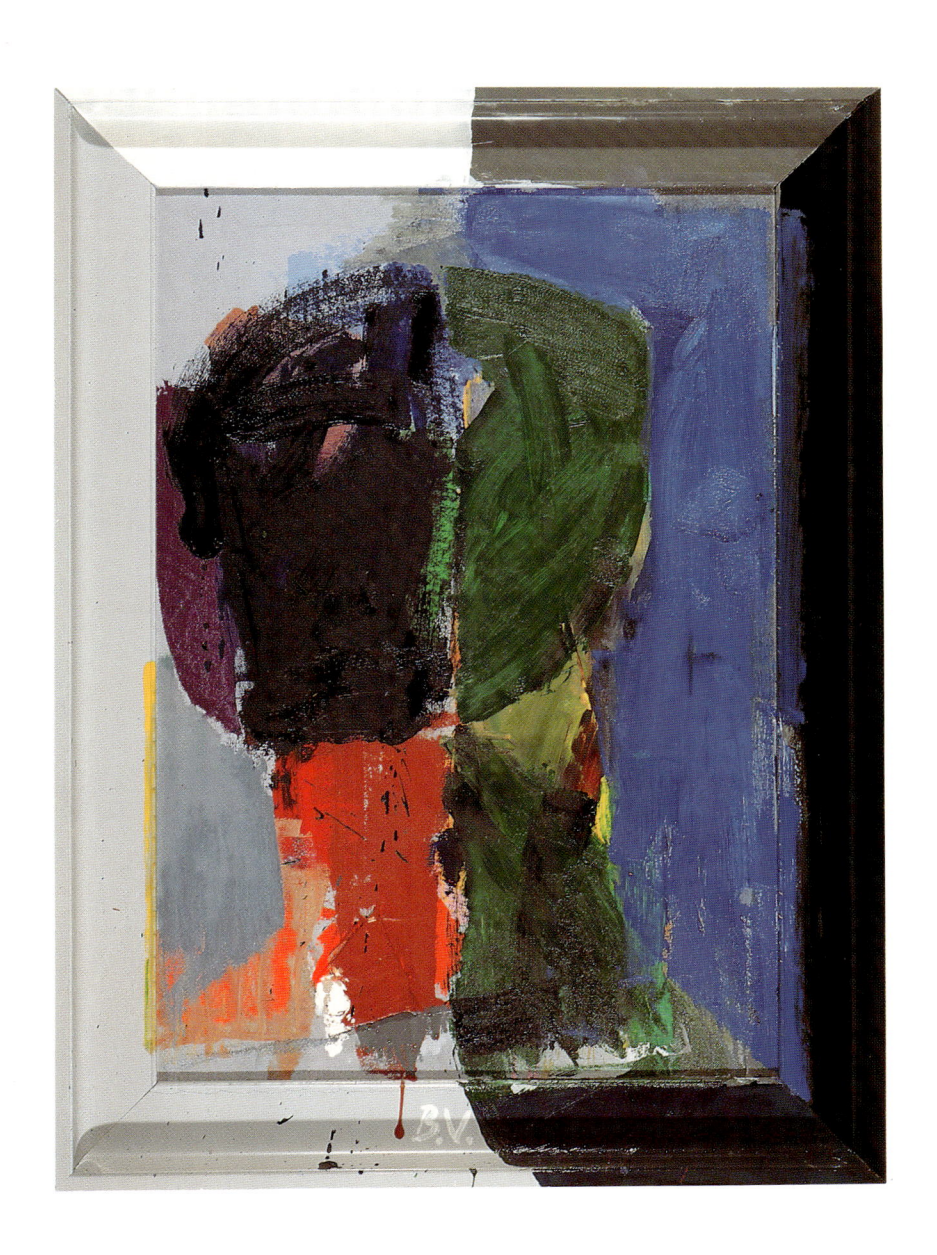

Kopf, 1991, Mischtechnik auf Hartfaserplatte und Rahmen, 108 x 83 cm, Privatbesitz Therwil

Kopf (liegend), 1990, Gouache auf Tischlerplatte, 216 x 320 cm

Kopf, 1989, Gouache auf Papier, 140 x 100 cm

Kopf, 1990/91, Gouache und Oel auf Karton, 106 x 78 cm

Kopf, 1991, Gouache und Oel auf Karton, 106 x 78 cm, Im Besitz der Crédit Suisse, Basel

Kopf, 1991, Gouache und Oel auf Karton, 106 x 78 cm, Claudia und Georges Köhler, D-Freiburg

Kopf, 1990/91, Gouache auf Karton, 106 x 78 cm

Kopf, 1990, Mischtechnik auf Türe, 103,5 x 89 cm, Privatbesitz Sissach

Kopf, 1991, Gouache und Oel auf Karton, 106 x 78 cm

Kopf, 1989/90/91, Oel auf Leinwand, 250 x 120 cm

Kopf, 1992, Mischtechnik auf Karton, 107 x 78 cm, Privatbesitz Gstaad

Kopf, 1992, Oel auf Karton, 107 x 78 cm, Privatbesitz Gstaad

Malereilandschaft, 1981/91, Oel auf Leinwand, 150 x 150 cm

Malereilandschaft, 1981/91, Oel auf Leinwand, 150 x 150 cm, Privatsammlung

Ohne Titel, 1990, Gouache und Oel auf Papier, 106,5 x 78 cm

Ohne Titel, 1992, Gouache auf Karton, 91 x 68 cm

Malereilandschaft, 1992, Oel auf Karton, 92 x 67 cm

Malereilandschaft, 1990, Gouache auf Papier, 100 x 140 cm, Privatbesitz Basel

Malereilandschaft, 1992, Oel auf Papier, 78 x 106 cm

Malereilandschaft, 1992, Oel auf Papier, 78 x 106,5 cm

118 Wie bekomme ich die Sonne ins Bild?, 1994, Oel auf Tischlerplatte, 100 x 132 cm, Sammlung Novartis AG, Basel

Malereilandschaft (Blüte), 1985/92, Oel auf Tischlerplatte, 198 x 155 cm

Malereilandschaft, 1989, Gouache auf Papier, 100 x 140 cm, Sammlung Basellandschaftliche Kantonalbank

Ohne Titel, 1994, Oel auf Tischlerplatte, 127 x 97 cm, Institut Straumann AG, Waldenburg

Nachtvögel, 1989, Gouache auf Papier, 140 x 100 cm

Malereilandschaft, 1992, Mischtechnik auf Papier, 78 x 106 cm, Privatbesitz

Zitronenfalter, 1986, Gouache auf Papier, 100 x 140 cm, Privatbesitz Zürich

Malereilandschaft, 1993, Oel auf Tischlerplatte, 125 x 170 cm, Privatbesitz

Blüte, 1993, Gouache auf Papier, 100 x 140 cm

Malereilandschaft, 1990/93, Gouache auf Holz, 182,5 x 237 x 17,5 cm

Malereilandschaft, 1989, Oel auf Leinwand, 233 x 233 cm

L'Art 1910, Grünes Arsen auf ein ei-weisses Tusch geschmiert, Zerquetschte Erdbeeren! Komm, lass die Augen schlemmen.
Ezra Pound. 1984/94, Oel auf Nessel, 100 x 100 cm, Dr. Martina Weiler-Berges und Dr. Robert Berges, Cloppenburg

oben: Bildsalat, 1972/94, Oel auf Leinwand und Karton, 135 x 123 x 50 cm
unten: Malereilandschaft (Bildsalat), 1974/88, Oel auf Leinwand und Karton, 155 x 153 x 22 cm

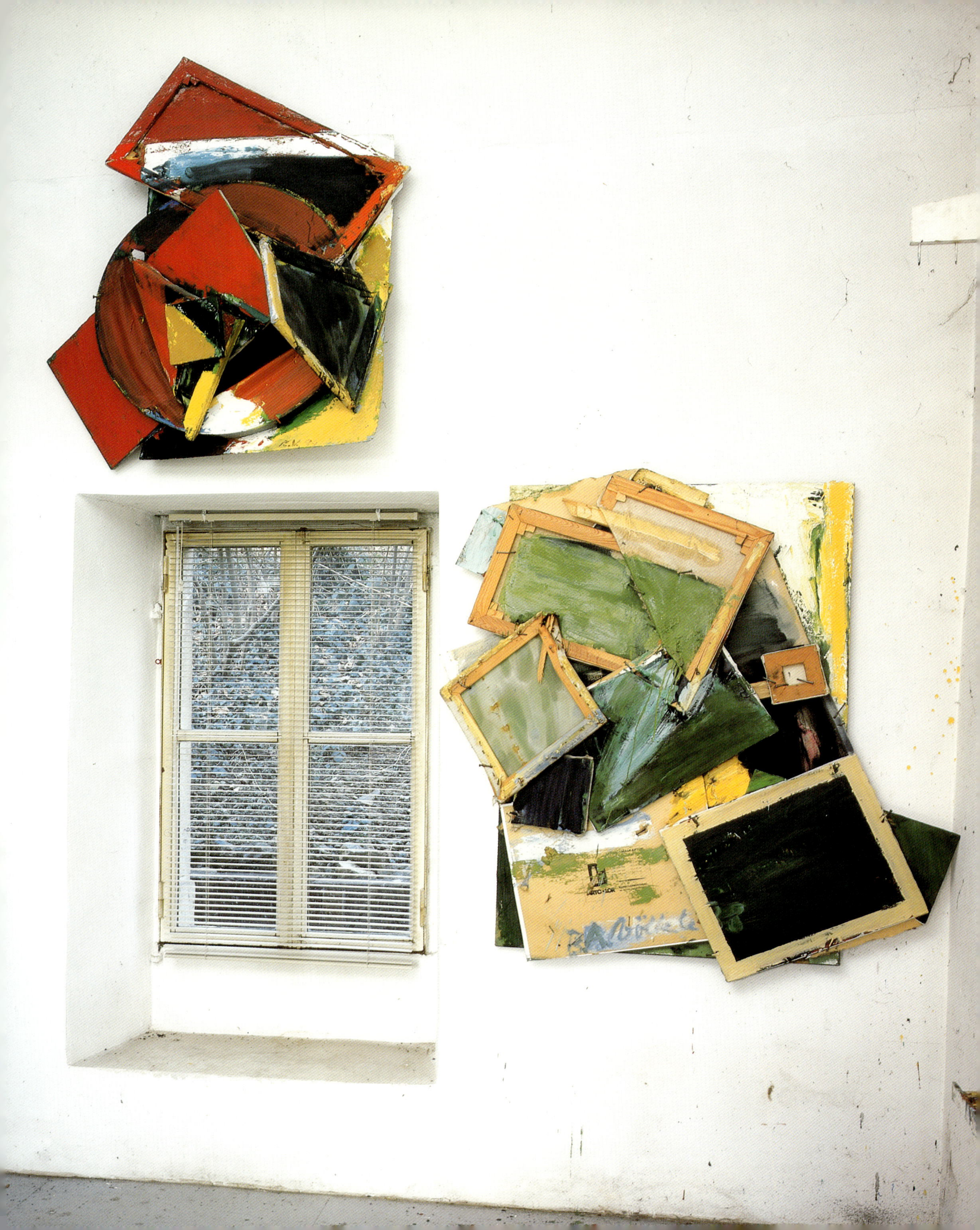

Malereilandschaft, 1995, Oel auf Karton, 118,5 x 158 cm

Malereilandschaft, 1992, Gouache und Oel auf Papier, 100 x 140 cm

Ohne Titel, 1996, Kunstharzfarbe auf Nessel, 90 x 90 cm

Ohne Titel, 1996, Kunstharzfarbe auf Nessel, 90 x 90 cm   Ohne Titel, 1996, Kunstharzfarbe auf Nessel, 90 x 90 cm

Malereilandschaft, 1996, Oel auf Pressspanplatte, 100 x 170 cm

Malereilandschaft, 1994, Oel auf Tischlerplatte, 130 x 183 cm, Privatbesitz

Ohne Titel, 1993, Oel auf Papier, 100 x 140 cm

Malereilandschaft, Ein Sonnenstrahl reicht hin, um viel Dunkel zu erhellen, *Franz von Assisi*
1995, Gouache und Acryl auf Tischlerplatte, 184,5 x 135 cm

Malereilandschaft, 1991/94, Oel auf Leinwand, 83 x 115 cm, Privatbesitz

Ohne Titel, 1995, Oel auf Karton, 92 x 129 cm

Malereilandschaft, 1995, Gouache auf Hartfaserplatte, 197 x 197,5 cm

Malereilandschaft, 1984/95, Oel auf Leinwand, 230 x 300 cm

Malereilandschaft, 1997, Gouache und Acryl auf Papier, 100 x 140 cm

Malereilandschaft, 1992/93, Gouache auf Pavatex, 130 x 185 cm, Basler Kantonalbank

Malereilandschaft, 1994/95, Gouache und Oel auf Karton und Holz, 107 x 83 cm

Ohne Titel, 1986/90/95/96, Verschiedene Materialien auf Holz, 253 x 178 cm

Malereilandschaft, 1996, Oel auf Nessel auf Sperrholz, 250,5 x 170,5 cm

Rotes, 1980/95, Oel auf Leinwand, 165 x 190 cm

Malereilandschaft, 1995/96, Oel auf Tischlerplatte, 184,5 x 135 cm

Malereilandschaft (Blüte), 1996, Oel auf Leinwand, 160 x 130 cm

21 Bilder, 1995/96, 20 Oel auf Leinwand, 1 Oel auf Leder, je 40 x 40 cm

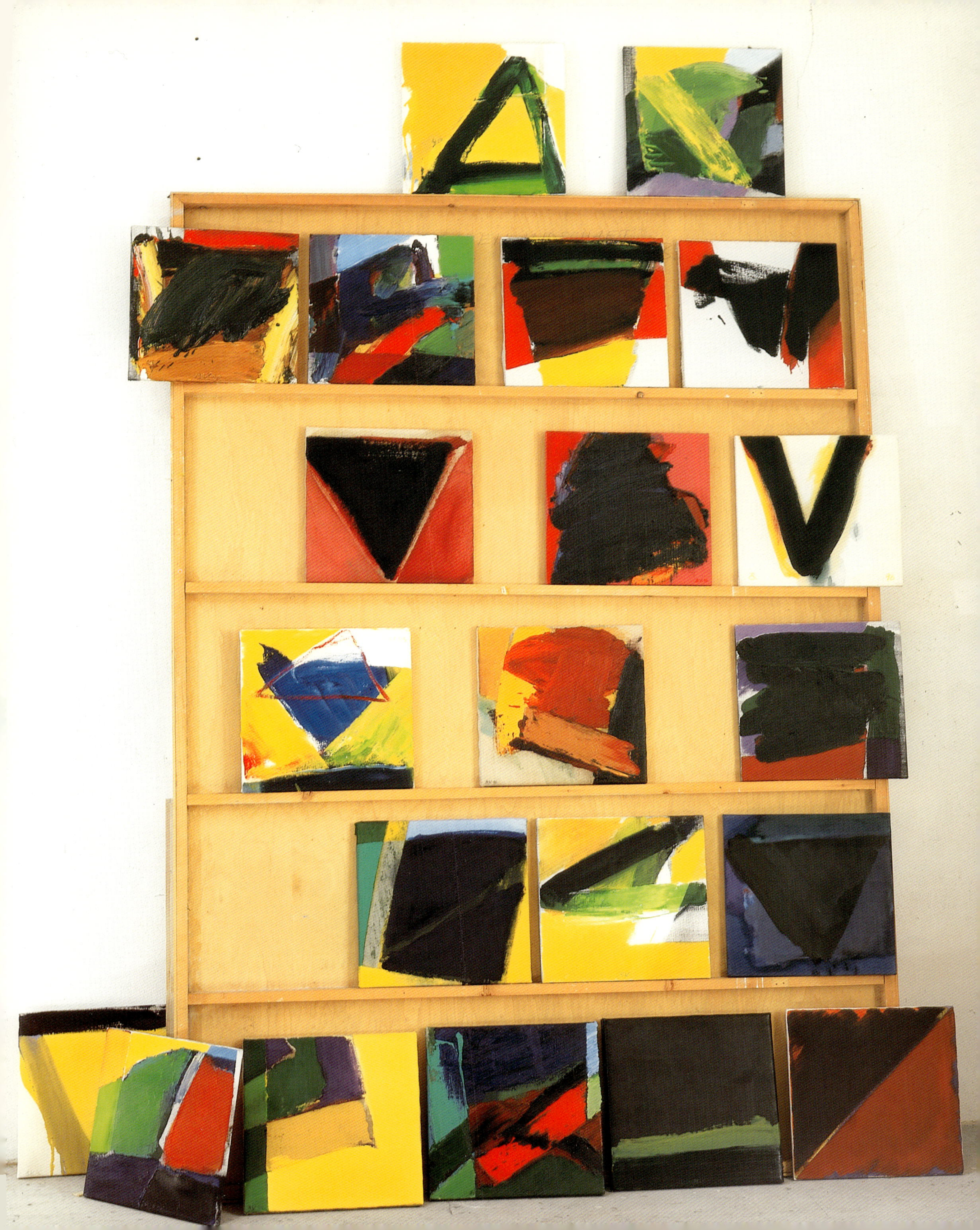

Tannenkirch
1994

Bernd Völkle

1940   geboren in Müllheim/Baden,
       lebt und arbeitet in Tannenkirch/Baden

1957   Allgemeine Gewerbeschule, Basel
       Schüler von M. Christ und W. Bodmer

1963   Max-Beckmann-Stipendium

1965   Stipendium des Kulturkreises im Bundes-
       verband der deutschen Industrie

1967   Stipendium der Aldegrever Gesellschaft,
       Münster/D

1968   Rom-Preis Villa Massimo

1976   Heirat mit Renate Richter

1977/ Gastlehrauftrag Staatliche Akademie der
1978   bildenden Künste, Karlsruhe

1979   Geburt Tochter Julia

1981   Geburt Tochter Johanna

1982   Reinhold-Schneider-Preis, Freiburg i. Br.

Johanna und Julia
1985

Renate Völkle-Richter
1978

Einzelausstellungen (Auswahl)
One-Man Exhibitions

1962 Basel, Galerie Knöll
     Badenweiler-Markgrafenbad
1964 Köln, Dom-Galerie
     Basel, Galerie Riehentor
1965 Düsseldorf, Galerie Gunar
1966 Wien, Galerie Nächst St. Stephan
     Essen, Folkwang-Museum
     Köln, Dom-Galerie
     Kassel, Kasseler Kunstverein
1967 Soest, Morgner Museum
     Basel, Galerie Riehentor
1968 Baden-Baden, Kunsthalle,
     14 x 14 Junge Deutsche Künstler
     Freiburg, Kunstverein
1969 Köln, Dom-Galerie
1970 Basel, Galerie Stampa
1975 Düsseldorf, Galerie Denise René, Hans Mayer
1976 München, Galerie Jasa Fine Art
1977 Freiburg, Kunstverein
     Hamburg, Galerie Kammer
     Basel, Galerie Felix Handschin
1978 Köln, Kulturkreis im Bundesverband der
     deutschen Industrie
     Düsseldorf, Galerie Denise René, Hans Mayer
1979 Düsseldorf, Galerie Denise René, Hans Mayer
1981 Rottweil, Forum Kunst
1982 Düsseldorf, Galerie Denise René, Hans Mayer
1983 Berlin, NBK Schloss Charlottenburg
     Ulm, Ulmer Museum
     Badenweiler, Römerbad Musiktage
1984 Freiburg, Galerie Pro Arte
1985 Osnabrück, Dominikanerkirche
     Basel, Galerie Riehentor
     Basel, Galerie Littmann
1986 Stuttgart, Galerie Walz und Wetter
     Gemeinschaftsarbeiten A. Stoll, B. Völkle
1987 Basel, Galerie Triebold
1989 Stuttgart, Galerie Brigitte Wetter
     Freiburg, Galerie Pro Arte
1991 Köln, Galerie Reckermann
     Basel, Galerie Carzaniga & Ueker
     Müllheim, Markgräfler Museum

1993 Essen, Galerie Heimeshoff
     Offenburg, Künstlerkreis Ortenau
1994 Freiburg, Galerie Pro Arte
     Sulzburg, Alte Synagoge
     Basel, Galerie Carzaniga & Ueker
     Weil am Rhein, Kunstverein
1995 Essen, Galerie Heimeshoff
1997 Basel, Galerie Carzaniga & Ueker
     Stuttgart, Galerie Valentien

Marcel Schaffner und Bernd Völkle
1997

Gruppenausstellungen (Auswahl)
Group Exhibitions

1961 Basel, Kunsthalle, 19 Junge Basler Künstler

1962 Berlin, Kongresshalle, Basler Künstler der Gegenwart

1964 Grenchen, 3. Internationale Triennale (Graphik)
Ostende, Europa Preis
Basel, Kunsthalle, Sammlung la Peau de l'Ours
Lausanne, D'Artistes à l'Ecole de Bâle

1965 Paris, Quatrième Biennale de Paris
Fulda, Vonderau-Museum, Ars Viva

1967 Dortmund, Museum am Ostwall, Wege 1967
Ljubljana, Zagreb und Belgrad, Kunst der Bundesrepublik Deutschland

1968 Kiel, Mitarbeit Multimedia Oper, Die Geschichte von einem Feuer (Schönbach)
Adelaide, German Painters of Today

1969 Florenz, Premio Fiorino
Stavanger, Trondheim, Oslo und Helsinki, 40 Deutsche unter 40

1970 Karlsruhe, Kunsthalle, Kunst aus Südbaden

1971 München/Münster, Aktiva 1971
Zürich, Helmhaus, Farbe als sinnliche Erfahrung

1972 Basel, Kunsthalle, Metamorphose des Dinges

1973 Recklinghausen, Kunsthalle, Forum Junger Kunst

1975 Baden-Baden, Kunsthalle, Forum Junger Kunst

1978 Basel, Hammer-Ausstellung

1979 Baden-Baden, Saarbrücken, Berlin, Kassel, Rückschau Villa Massimo

1981 Hannover, Galerie Brusberg
Baden-Baden, Hommage à Baden-Baden, Stadt und Landschaft

1982 Saverne, Espace Rhénan 82
Bonn, Heilbronn, Künstler aus Baden-Württemberg, Arbeiten in Rom

1984 Hannover, Kunstverein Kunstlandschaft BRD
Karlsruhe, Kunstverein Kunstlandschaft BRD

1989 Donaueschingen, Farbe-Malerei der Gegenwart in Baden-Württemberg

1992 St. Gallen, Handelshochschule, Arbeiten auf Papier
Basel, Galerie Carzaniga & Ueker, Die Bildhauer der Galerie
Freiburg, Galerie M. Rasche, Position 92
Freiburg, Kunstsammlung IHK, Bilder aus Südbaden

1993 Basel, Galerie Carzaniga & Ueker, Arbeiten auf Papier
Altkirch, CRAC-ALSACE, Ancien Lycée J.-J. Henner, De la nature du paysage

1994 Rottweil, Forum Kunst, Aus der Küche der Künstler

1995 Offenburg, Kaserne «LA HORIE» und Gengenbach, Museum Haus Löwenberg, Von der Natur der Landschaft
Sissach, Schloss Ebenrain, De la nature du paysage
Zofingen, Kunst im Alten Schützenhaus, 5 informelle Maler

1996 Pully, Musée de Pully, 6 x Informel

1997 Basel, Galerie Carzaniga & Ueker, Die Bildhauer der Galerie

Regelmässige Teilnahme an den Kunstmessen von Basel, Köln und Frankfurt

Bibliographie (Auswahl)
Bibliography

Kunstpreis Junger Westen, Stadt Recklinghausen, 1961, Ausstellungskatalog
Basler Künstler der Gegenwart, Kongresshalle Berlin, 1962, Ausstellungskatalog
Deutscher Kunstpreis der Jugend, Stuttgart, 1962, Ausstellungskatalog
Deutscher Kunstpreis der Jugend, Kunsthalle Mannheim, 1964, Ausstellungskatalog
Verzeichnis der Gemälde und Bildwerke der Nationalgalerie, Berlin, 1964
Sammlung La Peau de l'Ours, Kunsthalle Basel, 1964, Ausstellungskatalog
Schilderkunst, Prix europe de peinture, Ostende, Kursaal, 1964, Ausstellungskatalog
Deutscher Kunstpreis der Jugend, Staatliche Kunsthalle Baden-Baden, 1963/64, Ausstellungskatalog
Ars Viva 65, Kulturkreis im Bundesverband der deutschen Industrie (B.d.I.) Fulda, Leverkusen, Frankfurt a.M., Augsburg, Oldenburg, 1965/66, Ausstellungskatalog
Kunstpreis Junger Westen, Stadt Recklinghausen, 1965, Ausstellungskatalog
Quatrième Biennale de Paris, 1965, Ausstellungskatalog
Deutscher Künstlerbund, Essen, 1966, Ausstellungskatalog
Künstlerbund Baden-Württemberg, Heidelberg, 1966, Ausstellungskatalog
Moderne Kunst aus Kasseler Privatbesitz, Kasseler Kunstverein, 1966, Ausstellungskatalog
Künstlerbund Baden-Württemberg, Heidelberg, 1966, Ausstellungskatalog
Kollektiv Ausstellung, Kasseler Kunstverein, 1966, Ausstellungskatalog
Veröffentlichung in Das Kunstwerk, 7.1.1966
Tendances 67, Goethe Institut, Paris, 1967, Ausstellungskatalog
Kunstpreis Junger Westen, Stadt Recklinghausen, 1967, Ausstellungskatalog
Wege 1967, Museum am Ostwall, Dortmund, 1967
Deutscher Künstlerbund, Karlsruhe, 1967, Ausstellungskatalog
Neue Darmstädter Sezession, Mathildenhöhe Darmstadt, 1967, Ausstellungskatalog
Gesellschaft der Freunde Junger Kunst, Kunsthalle Baden-Baden, 1967, Ausstellungskatalog
Kunst der Bundesrepublik Deutschland, Ljubljana, Zagreb, Belgrad, 1967, Ausstellungskatalog
Kunst der Jungen Generation, Literaturverzeichnis und biographisches Nachschlagewerk, Berliner Zentralbibliothek, 1968
Gesellschaft der Freunde Junger Kunst, Baden-Baden, 1968, Ausstellungskatalog
Largo di Villa Massimo, Deutsche Akademie Rom, Stipendiaten 1968/69, Ausstellungskatalog
14 x 14 Junge Deutsche Künstler, Staatliche Kunsthalle Baden-Baden, 1968, Ausstellungskatalog
Von der Collage zur Assemblage, Institut für Moderne Kunst, Nürnberg, 1968
German Painters of today, Adelaide, 1968, Ausstellungskatalog
40 tyske under 40 (40 Deutsche unter 40), Stavanger, Trondheim, Oslo, Helsinki, 1968, Ausstellungskatalog
19. Biennale Internationale d'Arte, Palazzo Strozzi, Florenz, 1969, Ausstellungskatalog
Ausstellungsbesprechung von Ausstellungen in Polen und Lausanne in: Das Kunstwerk, 11.12.1969
Kunst der Jungen Generation, 2. Literaturverzeichnis und biographisches Nachschlagewerk, Berliner Zentralbibliothek, 1970
Manus Presse, Stuttgart, 1970, Ausstellungskatalog
Villa Massimo, Akademieveröffentlichung, Rom, 1969/70
Manus Presse, Stuttgart, 1971, Ausstellungskatalog
Aktiva 71, Kunst der Jungen Generation in Westdeutschland, Museum Münster, 1971, Ausstellungskatalog
Gesellschaft der Freunde Junger Kunst, Kunsthalle, Baden-Baden, 1971, Ausstellungskalender
Metamorphose des Dinges, Kunst und Antikunst, Kunsthalle Basel, Brüssel, Rotterdam, Berlin, Mailand, 1971, Ausstellungskatalog
Kunstausstellung Öflingen, Kreis Säckingen, Kirche, 1971, Ausstellungskatalog

Farbe als sinnliche Erfahrung, 15 Schweizer Künstler, Helmhaus, Zürich, 1971, Ausstellungskatalog
Humandesign 7/8, Zeitschrift, Mailand, 1971
P.C.A., Walter Aue, Projecte, Concepte + Actionen, Verlag Dumont, Köln, 1971
2 Bücher Europäische und Deutsche Graphik des 20. Jahrhunderts, Abgeordneten-Haus, Bonn, 1971
Kunst der Jungen Generation 3, Literaturverzeichnis und biographisches Nachschlagewerk, Berliner Zentralbibliothek, 1972
Forum Junger Kunst, Bochum, Recklinghausen, Wolfsburg, 1973, Ausstellungskatalog
20 Jahre Gesellschaft der Freunde Junger Kunst, Kunsthalle Baden-Baden, 1975, Ausstellungskatalog
Forum Junger Kunst, Baden-Baden, Stuttgart, Mannheim, 1975, Ausstellungskatalog
Grosse Kunstausstellung München, Haus der Kunst, München, 1977, Ausstellungskatalog
Kunstreport-Katalog 3/78 zur 26. Jahresausstellung des dt. Künstlerbundes, Staatliche Kunsthalle Berlin, 1978, Ausstellungskatalog
Bau und Kunst, Universität Konstanz, Ausstellung im Schwarzen Kloster, Freiburg, 1978, Ausstellungskatalog
Hammer-Ausstellung, Ausstellungszeitung, Basel 1978
Kunstreport 3/1979, Jahresausstellung Deutscher Künstlerbund, Stuttgart, 1979, Ausstellungskatalog
Galerie Denise René, Hans Mayer, Düsseldorf, 1979, 2 Ausstellungskataloge
Kunst in der Architektur, Land Baden-Württemberg, Stuttgart, 1979, Ausstellungskatalog
Villa Massimo, Rom-Retrospektive 1957-1974, Staatliche Kunsthalle, Berlin, 1979, Ausstellungskatalog
Archiv für Techniken und Arbeitsmaterialien zeitgenössischer Künstler, Harlekin Art Museum, Wiesbaden, 1979
Kunstreport Sonderausgabe, Deutscher Künstlerbund, Berlin, 1979/80
Schwarze Quadrate, Black Squares, Dietrich Helms, edition Copie, 1979

Das Schubladenmuseum, The Museum of Drawers, Herausgegeben vom Kunsthaus Zürich und Herbert Distel, 1978/79
Siegfried Bröse, Festschrift des Kunstvereins Freiburg, 1980
Koffer für Rottweil, Forum Kunst Rottweil, 1980, Ausstellungskatalog
Architektur + Wohnen, Reportage, Hamburg, Juni-September 1981
Kunstwettbewerb Hommage à Baden-Baden, 1981, Ausstellungskatalog
Zeitschrift Internationales Künstlergremium, Nr. 7, Hannover, 1981
Künstler aus Baden-Württemberg, Arbeiten in Rom, Villa Massimo, Heilbronn, 1982
Espace Rhénan 82, Saverne, 1982, Ausstellungskatalog
Günther Wirth, Kunst im Deutschen Südwesten, Hartje Verlag, Stuttgart, 1982
Galerie Brusberg Kunst bei BEB, Hannover, 1983, Ausstellungskatalog
Gustav Stein, Sammler-Förderer-Freund, Gedächtnisausstellung, Wilhelm Lehmbruck Museum, Duisburg, 1983
Berlin, NBK Schloss Charlottenburg und Ulm, Ulmer Museum, 1983, Ausstellungskatalog
Seerosen, Römerbad Badenweiler, 1983, Ausstellungskatalog
Kunst des 20. Jahrhunderts, Museum am Ostwall, Dortmund, 1984, Ausstellungskatalog
Hommage à Felix Handschin, Galerie Littmann, Basel, 1984, Ausstellungskatalog
Kunstlandschaft Bundesrepublik, Region Baden, Kunstverein Hannover, 1984
Art Consulting, Kunst in der Architektur, Düsseldorf, 1984
Reportage in Häuser, Magazin für internationales Wohnen 4/85, Hamburg, 1985
Kunstsommer III, Basler Zeitung, 1985
Osnabrück, Dominikanerkirche, 1985, Ausstellungskatalog

Basel, Galerie Riehentor, Galerie Littmann,
1985, Ausstellungskatalog
Kunst aus Weiler Sammlungen, Kunstverein Weil
am Rhein, 1986, Ausstellungskatalog
Plastiken 1966-1986, Galerie Triebold, Basel,
1987, Ausstellungskatalog
Schönblick, Kunstausstellungen in Stuttgart,
April/Mai 1989
Farbe-Malerei der Gegenwart in Baden-
Württemberg, Landeskunstwochen
Donaueschingen, 1989, Ausstellungskatalog
Grafik und Zeichnungen aus der Bundesrepublik
Deutschland, Sammlung Meussling, Gnadau,
Edition Grit Wendelberger, 1990
Emil Bizer, Bernd Völkle, Markgräfler Museum
Müllheim, 1991/92, Ausstellungskatalog
Galerie Carzaniga & Ueker Basel, 1991, Ausstellungskatalog
Arbeiten auf Papier, Abstraktionen, Hochschule St.
Gallen, 1992, Ausstellungskatalog
Die Bildhauer der Galerie, Galerie Carzaniga &
Ueker, 1992, Ausstellungskatalog
Bilderleben, Hermann Wiesler, Wienand Verlag
Köln, 1992
Position 92, Galerie M. Rasche, Freiburg, 1992,
Ausstellungskatalog
Bilder aus Südbaden, Kunstsammlung IHK Freiburg,
1992, Ausstellungskatalog
De la nature du paysage, CRAC-ALSACE, Ancien
Lycée J.-J. Henner, Altkirch, 1993
Basler Zeitung, Artikel von Werner von
Mutzenbecher, 29.10.1994
Galerie Carzaniga & Ueker Basel, Ausstellungskatalog, 1994
Sulzburg, Alte Synagoge, Ausstellungskatalog,
1994
Kunst in der Synagoge, Dreilandzeitung BaZ Basel,
Nr. 42, 1994
Von Künstlern für Künstler in Sarajevo, Schaubühne
Berlin, 1994
Aus der Küche der Künstler, Künstler-Kochbuch,
Forum Kunst Rottweil, 1994

Freiburger Almanach, Sechsundvierzigstes
Jahrbuch, 1995
Art Frankfurt, Galerie Carzaniga & Ueker Basel,
Messekatalog 1995
Art Cologne, Galerie Pro Arte Freiburg, Messe-
katalog 1995
Kunst und Künstler in Baden, Das 19. und
20. Jahrhundert, Hans H. Hofstätter, Deutsche
Verlagsanstalt Stuttgart, 1995
Von der Natur der Landschaft, Kaserne «La Horie»
Offenburg, Museum Haus Löwenberg Gengenbach,
1995, Ausstellungskatalog
De la nature du paysage, Kunstverein Baselland,
Schloss Ebenrain Sissach, 1995, Ausstellungskatalog
Kunst an Staatlichen Bauten in Baden-
Württemberg, 1980–95, Cantz Verlag 1995
Pully, Musée de Pully, 6 x Informel, 1996/97,
Ausstellungskatalog
Spuren, Nikolaus Cybinski, Kunst- und Kulturförder-
kreis Lörrach, 1996
Editions Galerie Carzaniga & Ueker Basel, Band 10,
Texte von Peter F. Althaus und Werner von
Mutzenbecher, Basel 1997
Art 28'97 Basel, Galerie Carzaniga & Ueker Basel,
Messekatalog 1997

**Video
Fernsehfilme** (Auswahl)

Fernsehfilm beim WDR,
(Wibke von Bonin und W. Filmer)
Köln, 1965/66

Videofilm
Oh du mein stilles Tal
(Rolf Frei)
Weil, 1985

FOTONACHWEIS

Das Fotostudio Frei, D-Weil, hat den Grossteil der Tafel-Abbildungen und einen Teil der Abbildungen im Textteil gemacht.
Diese Fotografien (87 Aufnahmen) sind hier nicht speziell aufgeführt.

Die übrigen Aufnahmen stammen von folgenden Fotografen:
Christian Baur, Basel: Seiten 38, 48, 81, 108, 109, 116, 118, 120, 121, 123, 137, 140
Olaf Bergmann, Witten: Seiten 75, 125, 139
Galerie Reckermann, Köln: Seite 44
Thomas Gerold, München: Seite 20
Pascale Gmür, Zürich: Seite 37
Ulrich Hartmann, Basel: Seiten 42, 43, 55, 59, 60
Kunstverein Recklinghausen: Seite 49
Bildarchiv Preussischer Kulturbesitz, Berlin: Seite 37
Richard Schenkirz: Seiten 21, 22, 23
Jürgen Spiler, Dortmund: Seite 52
Bärbel Stotz, Basel: Seiten 39, 40, 45, 46
Bernd Völkle, Tannenkirch: Seite 36 (Mitte und unten)
Werner von Mutzenbecher, Basel: Seite 36 (oben)
Fotografen unbekannt: Seiten 8, 9, 10, 12, 13, 14, 15, 16, 17, 53

Diese Monographie erscheint im
Zusammenhang mit der Ausstellung

Bernd Völkle
Werke 1958 bis 1997

22. Mai bis 21. Juni 1997

in der Galerie Carzaniga & Ueker
Gemsberg 8
CH 4051 Basel
Tel. 061/261 74 51
Fax 061/261 74 02
http://www.carzaniga-ueker.ch